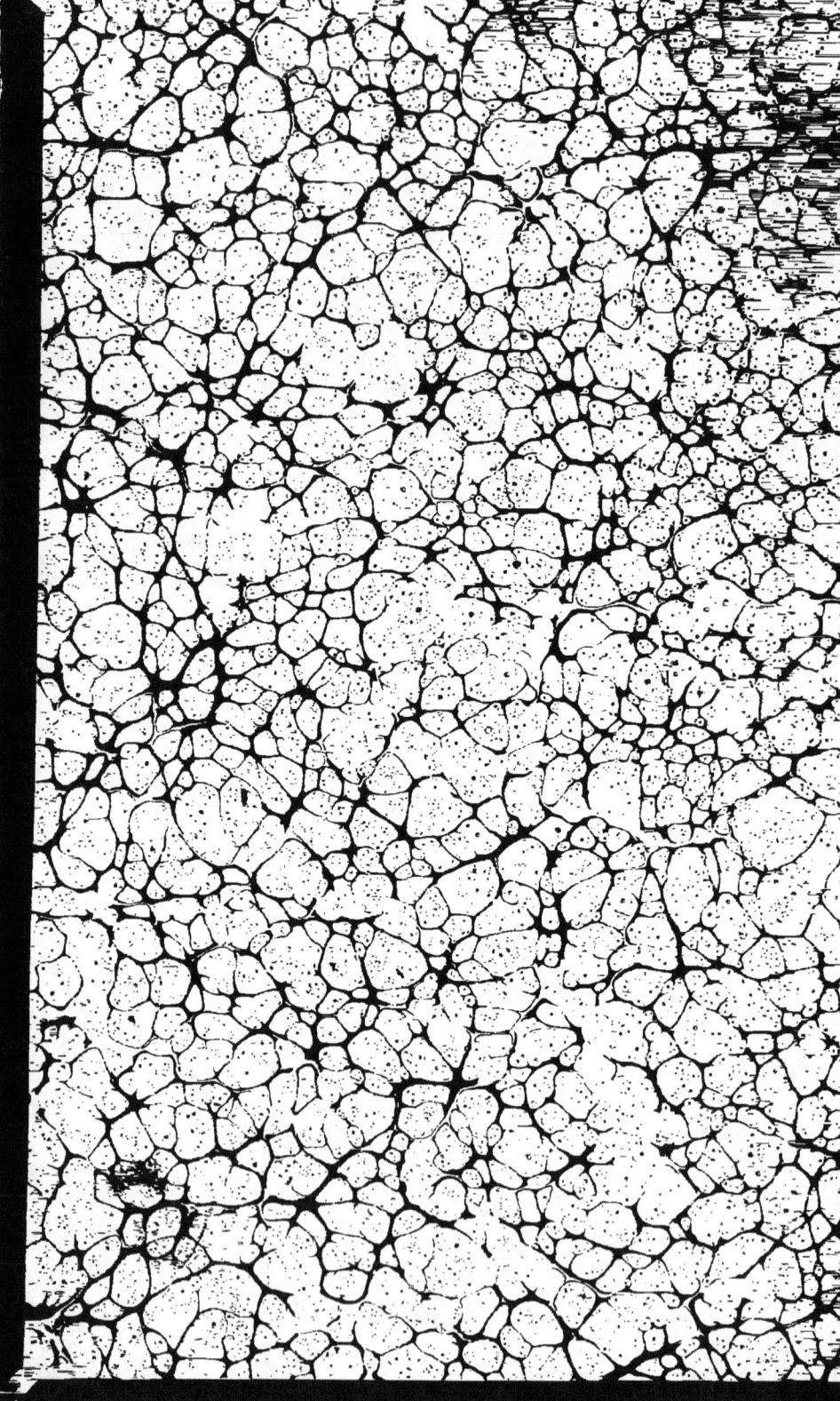

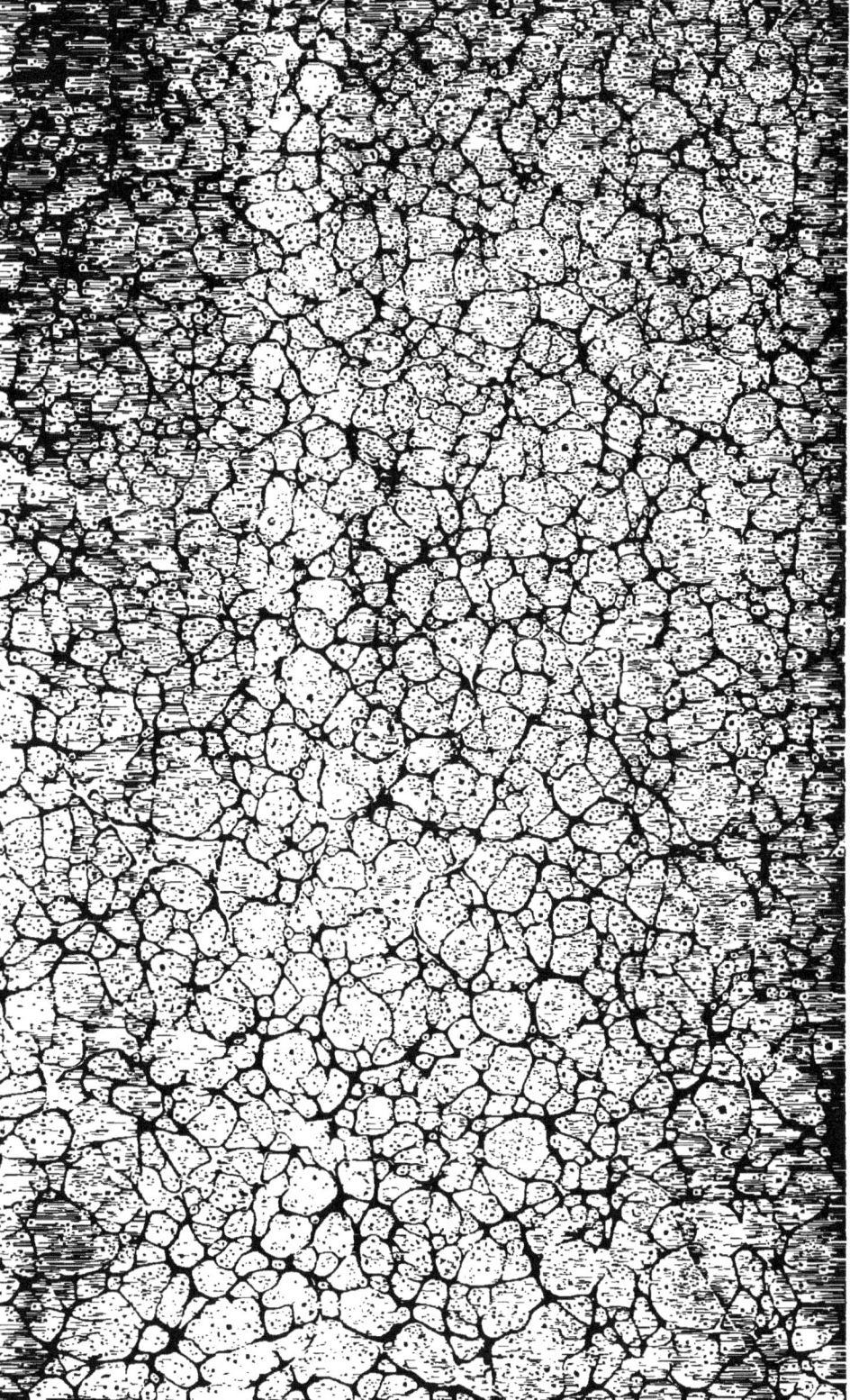

L'HOTEL

DES

COMMISSAIRES-PRISEURS

IMPRIMERIE L. TOINON ET C°, A SAINT GERMAIN.

L'HOTEL

DES

COMMISSAIRES-PRISEURS

PAR

CHAMPFLEURY

PARIS

E. DENTU, ÉDITEUR

LIBRAIRE DE LA SOCIÉTÉ DES GENS DE LETTRES

GALERIE D'ORLÉANS, 17 ET 19, PALAIS-ROYAL

1867

Tous droits réservés.

A ARSÈNE HOUSSAYE

Il y a longtemps déjà, mon cher ami, qu'avec Victor Hugo et Balzac vous avez été mon témoin dans le duel que j'entreprenais contre le public.

Le public, après un ferraillement d'un certain nombre d'années, a bien voulu m'accorder quelque estime; et je n'ai pas oublié le cordial appui de mes témoins dans cette affaire.

C'est pourquoi j'ai écrit votre nom en tête de ce volume, quoique peut-être vous n'envisagiez pas comme moi le petit monde des gens qui se frottent à l'art; mais ce qui nous rapprochera, je l'espère, ce sera un spectacle que vous aussi devez préférer à toutes les peintures sorties de la main des hommes, un rayonnant coucher de soleil.

CHAMPFLEURY.

Paris, février 1867.

PRÉFACE

Derrière l'Opéra est un monument qui ne date guères de plus d'une quinzaine d'années et qui porte sur son fronton :

HOTEL

DES COMMISSAIRES-PRISEURS

La principale ornementation du monument consiste en affiches de toute couleur qui tapissent les murs du rez-de-chaussée.

A VENDRE

Telle est l'annonce qui frappe l'œil en cinquante endroits différents. Ici tout est à vendre : meubles, bijoux, tableaux, vins, médailles, dentelles, animaux.

Trois grandes portes ont été percées dans la façade de l'hôtel pour donner passage à d'immenses voitures de déménagement, qui apportent et emportent sans cesse des masses énormes de marchandises, emballées et déballées par une brigade de garçons en casquette aux armes des commissaires-priseurs.

Autour de l'hôtel tourbillonne une population particulière qu'un étranger pourrait croire faire queue dès huit heures du matin pour l'ouverture de l'Opéra, car une véritable queue se forme de petits revendeurs, de marchandes à la toilette, d'Auvergnats, de Juifs, de fripiers, d'étalagistes de toute sorte qui vont acquitter leurs droits au bureau pour les marchandises achetées la veille.

Le mouvement commence donc autour de l'hôtel vers huit heures du matin, pour ne finir quelquefois qu'à dix heures du soir. En même temps que s'opère l'enlèvement des gros objets d'autres non moins considérables arrivent, qui prennent la place de ceux vendus.

Ce mouvement peut se résumer dans les mots emballement et déballement, déballement et emballement. On vend et on achète, on achète et on vend.

Il est même certains acheteurs qui, ayant acheté par spéculation, ne prennent pas livraison, et écoulent sur place leurs achats de la veille, la mutation consistant à faire descendre dans les salles de vente du rez-de-chaussée ce qui s'adjugeait au premier étage, sauf à rentrer de nouveau en possession des objets que le feu des enchères ne soutiendrait pas.

De huit heures à midi, l'hôtel offre l'aspect d'un marché qu'on installe; mais le bruit vient plutôt de l'extérieur que de l'intérieur, dans les cours, sous les portes.

Les objets inanimés y prennent une voix comme les objets animés. Un bahut vermoulu qu'un marchand a trouvé au fond de la Bretagne, qui a voyagé moitié en diligence, moitié en chemin de fer, qui a attendu inutilement un acheteur dans les magasins du boulevard Bourdon, qui est grimpé au premier étage de l'hôtel pour descendre le lendemain dans les magasins, qui en est tiré pour suivre un nouveau maître, ce bahut trouve dans ses flancs une voix plaintive pour exprimer son étonnement d'être secoué de la sorte, de subir le dénigrement plutôt que l'enthousiasme d'une foule qui affecte de le déprécier afin de le posséder à meilleur compte.

Sans tomber dans le système des écrivains qui prêtent généreusement leurs sensations à la girouette comme à l'arbre, au ruisseau comme à la brise, n'est-il pas permis de constater un cri de douleur dans le déchirement de ces vieux ais pourris qui ne demandaient qu'à finir en paix au fond d'une chaumière? Mais ces gémissements sont perdus au milieu des aboiements des chiens qu'on amène pour vendre, des grincements des tonneaux descendus des haquets, du cliquetis des faïences qu'on sort des longues voitures de déménagement, du cri des poules de la Cochinchine, étonnées de se trouver dans une basse-cour pleine de meubles, de cinquante conversations échangées entre les nouveaux acquéreurs et les garçons, des plaintes des réclamants dont on ne retrouve pas les objets trop bien emmagasinés, des exclamations d'un amateur qui obtient un rendez-vous avec l'objet tant cherché, des murmures d'un spéculateur qui découvre une fissure dans une pièce rare qu'il a payée hors de prix, des *hu* des conducteurs de tapissières, cinglant de coups de fouet les chevaux, pour leur faire donner un dernier coup de collier avant d'entrer à l'hôtel.

Tel est le mouvement causé par la foule de marchands qui du côté du costume ne sacrifient pas aux lois de l'étiquette. On y voit plus de casquettes que de chapeaux, et presque autant de blouses que de vieux paletots, la *curiosité* proscrivant les habits noirs de magasins, où le moindre dérangement met en émeute des bataillons de poussière.

L'hôtel se repose à peine quelques minutes de midi à une heure, pour être prêt aux expositions et aux ventes, où vont se précipiter de nombreux clients. En un clin d'œil la foule a changé d'aspect, comme l'hôtel a changé de porte. Le mouvement s'est porté vers la rue Drouot, sur une des façades latérales du bâtiment. Alors commencent les exhibitions d'objets d'art; c'est là que vont s'exercer les yeux les plus pénétrants de l'Europe.

L'intelligence du nombreux public qui arrive à l'hôtel à pied ou en voiture, entasse dans des magasins ou dans des hôtels les achats de la journée, cette intelligence gît dans l'œil. Une faiblesse de regard, un vice dans la vue, sont des fautes comme dans un duel à l'épée.

Les expositions de deux ou trois mille objets chaque jour demandent une puissance de regard semblable à celle du sauvage étudiant sur le gazon la piste d'un ennemi.

Le principal théâtre des diverses comédies qui se jouent pendant les ventes est au premier étage de l'hôtel, qui ne contient pas moins de sept salles différentes, réservées presque exclusivement à l'adjudication des œuvres d'art.

Pendant que pullule au rez-de-chaussée, qu'on a appelé du nom significatif de *Mazas*, une foule en blouse qui s'échauffe à mettre des adjudications sur les meubles, étoffes, fonds de magasin, objets vendus par suite de saisie ou de faillite, le large escalier qui conduit au premier étage est l'endroit où se coudoient les amateurs riches et les amateurs pauvres, les gros bonnets de la curiosité et les petits marchands, les banquiers et les princes, les étrangers et les indigènes, les artistes et les bourgeois, les coulissiers et les lorettes, les avides et les curieux, les flâneurs et les badauds, toute une population de gens se connaissant au moins de vue, qui, quoique en hostilité à chaque enchère, sont reliés par la franc-maçonnerie du bric-à-brac.

A l'hôtel ne sont reconnus ni rang, ni condition; le prince millionnaire qui hésite à donner une enchère ne vaut pas le marchand glorieux qui par vanité lance un chiffre exagéré. Tous les rangs sont confondus; le dernier des brocanteurs, assis à côté d'un marquis italien, prend une prise dans la tabatière d'un baron allemand qui veut assister lui-même à la vente d'une collection importante. Tel homme d'État, hier au banc des ministres, se sent petit à côté d'un être modeste, aux habits râpés, qui connaît la valeur de toutes les gravures exposées et sait lire un monogramme à peine indiqué. Cet illustre médecin regrette le temps qu'il a consacré à la pathologie et voudrait avoir la centième partie des connaissances du pauvre diable sans chapeau qui, depuis trente ans, marque les prix sur les marges d'un catalogue et suit les ventes sans jamais acheter. Là se trouvent en contact et égaux l'homme riche qui quelquefois mange sa fortune en folles acquisitions d'objets d'art, et l'Auvergnat qui avec dix francs en poche achètera avant dix ans le château de ce même homme riche. Les existences brisées y cherchent par l'activité du regard une consolation au brisement de leur cœur. Tel chanteur, illustre jadis, oublie sa voix perdue et les applaudissements de la foule pour les sensations du marteau d'ivoire retombant d'un coup sec sur le tapis vert du bureau du commissaire-priseur. Un maniaque y cherche certains objets qu'il ne rencontre jamais. Un artiste sans imagination croit s'en créer une en achetant des tombereaux de gravures dans lesquelles il prendra certains groupes et certains personnages, certains arbres et certains ciels, convaincu que ces juxtapositions lui constituent une individualité hors ligne. Celui-ci ne vient que pour des tabatières, celui-là pour des couteaux de toute forme. Les uns tiennent pour la porcelaine de Chine et méprisent les collectionneurs de faïence. Un amateur d'armures pourfendrait volontiers l'esprit galant en extase devant les beautés provoquantes du dix-huitième siècle. Ce ne sont que discussions, appréciations, inductions à propos de peinture, de sculpture et de céramique. Tout y est matière à rivalité. Les amateurs se détestent entre eux, les marchands jalousent les marchands, les experts luttent contre les commissaires-priseurs ; il n'est pas jusqu'aux garçons de l'hôtel qui ne soient en hostilité avec les crieurs. Mais un même but rapproche tout ce monde : *acheter*.

L'hôtel est une bourse d'objets d'art où chaque objet, trouvant son acheteur et son vendeur, amène des courants fiévreux qu'il faut avoir ressentis pour s'en rendre compte. Qu'un esprit faible n'entre pas chez les commissaires-priseurs, car dès le pas de la porte, à peine aura-t-il posé son pied sur la première marche de l'escalier, il se sentira comme soudé aux marches et voudra y revenir demain, après-demain, à toute heure, dût-il négliger les intérêts les plus précieux.

Il en est de l'hôtel comme du mouvement intérieur de la Bourse pour l'homme qui n'a pas encore spéculé ; c'est un langage dont il faut avoir la clef, et l'étude en est certainement plus longue que celle du va-et-vient de la rente. L'être qui met pour la première fois une enchère est semblable à celui qui voudrait descendre un rocher à pic sans cordes, sans crampons et sans la précision de ces hardis montagnards qui chassent le chamois sur les montagnes. La ruse, l'adresse et la justesse de l'œil sont indispensables aux rares gens qui font fortune à l'hôtel, car l'enchère est un jeu et une maladie, un jeu dangereux, une maladie chronique dont on ne guérit pas.

Les êtres qui avaient dans le sang les passions de leurs pères pour la roulette et la loterie, devaient nécessairement, avec une époque plus positive, arriver à des jeux plus positifs : la Bourse et le Bric-à-brac. Beaucoup s'y sont ruinés, qui, sans s'en douter, couvaient des vices héréditaires.

L'hôtel des commissaires-priseurs offre plus d'un drame, plus d'une comédie qui n'ont pas encore été essayés. De longues observations étaient nécessaires pour étudier les rouages compliqués qui mettent en jeu une des passions les plus tyranniques, celle de la *possession*. Je tente aujourd'hui ces études, me rendant compte de la difficulté qu'offre un pareil sujet pour le recouvrir d'intérêt. Si je ne rapporte pas de ce pays nouveau les types curieux que le public est en droit d'attendre, on me saura peut-être gré d'avoir indiqué un endroit fertile en aventures, et dont le théâtre est si fréquenté, que les marches de l'escalier bâti depuis quinze ans sont déjà usées.

Qu'on cite beaucoup de temples desservis aujourd'hui par de si nombreux fidèles.

I

L'AMATEUR

L'HOTEL
des
COMMISSAIRES-PRISEURS

CHAPITRE PREMIER

L'AMATEUR

On a conté déjà bien des histoires sur les collectionneurs, leurs manies, leur détachement de toute affection, leur attache au moindre fétiche, leur rapacité, leurs joies particulières, les privations qu'ils s'imposent, leur aveuglement en tant de cas, leur clairvoyance si rare, leur ignorance pour toute chose qui échappe à leur spécialité, leurs profondes connaissances en matières qui n'en valent pas la peine, les voyages qu'ils entreprennent pour des misères, leur contemplation de Siméon Stylite en face d'un objet aimé.

Les uns dépensent de grosses fortunes pour des

objets qui un jour se vendront au tas, aux huées des acquéreurs ; les autres liardent sur la nourriture et les habits, entassant sou sur sou et accumulant des sommes que, sans regret, ils changeront contre un griffonnage à l'eau-forte, quand ils grommellent contre le prix du blanchissage d'une chemise.

J'ai connu un paresseux que la lecture du journal fatiguait et qui avait appris le chinois rien que pour connaître les *marques* des porcelaines du Céleste Empire.

Un agent de change quitte la Bourse à l'heure d'une négociation importante ; il craint qu'à ce moment ne se vende à l'hôtel des commissaires-priseurs une assiette persane qu'il ajoutera triomphalement à une pile d'autres assiettes persanes.

Ce n'est plus de bijoux ni de diamants qu'a soif mademoiselle Désirée Carton ; elle se contente de *Moustiers*, ayant fait son éducation céramique dans un monde de coulissiers qui ne s'occupent que de Moustiers.

Désirée n'ignore pas qu'une belle pièce de Moustiers aux armes de la Pompadour vaut cinquante louis. Pour être admis chez mademoiselle Carton, il faut apporter une faïence de Moustiers ; même les invités à ses thés intimes du vendredi ne doivent pas entrer sans quelque broutille ornée de lambrequins, ne fût-ce qu'un coquetier.

Désirée Carton prépare ainsi une belle vente qui, rompant avec les ventes de diamants de ses camarades du théâtre du Palais-Royal, donnera à croire au public qu'elle aussi a de nobles passions artistiques.

Les différentes classes des collectionneurs demanderaient un volume, fidèle tableau des folies de l'époque actuelle, car chaque époque amène ses variations ; mais depuis une douzaine d'années, (faut-il en accuser la politique actuelle), on a dépassé la mesure.

Un collectionneur fait souche; il engendre autant de collectionneurs que les pucerons. Si la fièvre continue, Paris ne sera plus qu'un grand bazar de curiosités.

On s'est longtemps moqué de la passion ruineuse des Hollandais pour les tulipes! Nous devenons des Hollandais en matière de collection : il est peu de maisons dont les murs, les dressoirs, les cheminées, ne soient couverts de quelques babioles qui font penser au village chinois de Brook, près d'Amsterdam, où le voyageur est admis à visiter, dans chaque intérieur, de petites tasses, de petites théières, de petits magots de la compagnie des Indes.

Si j'en excepte une vingtaine d'hommes qui ont un but, poursuivent une classification, ne s'inquiètent pas des lois de la mode, connaissent l'art européen, s'entendent à demi-mot, jugent toute œuvre d'un coup d'œil certain, combien d'ignorants, de spéculateurs, de liardeurs, de bavards, de dénigreurs, de *rêveurs*, de *râleurs !* (deux mots spéciaux à l'hôtel Drouot).

A lui seul, l'amateur voudrait un livre tout entier.

Sont-ils assez fiers de leur importance ceux armés de loupes rondes qu'ils s'assujettissent dans l'œil comme un horloger étudiant les rouages d'une montre? Ils cherchent la signature. La signature leur suffit; une simple initiale double le prix du tableau.

Ces amateurs ne s'entendent pas sur la forme de la loupe; les uns tiennent pour la loupe ovale, d'autres pour la carrée. L'homme qui entre dans l'hôtel avec une grande loupe carrée fait penser à Archimède et à ses miroirs ardents; si le vitrage dépoli du toit n'empêchait le soleil de pénétrer, cet amateur avec sa loupe carrée brûlerait les patiences de ces Hollandais qui ont passé des mois à peindre un manche à balai, des années à rendre les poils de la barbe d'un alchimiste ou la trame d'une robe de satin.

La loupe sort de la poche de l'amateur épris de travaux patients : en sculpture il admire la Passion et les cent personnages sculptés dans l'intérieur d'une noisette par un moine du moyen âge. Tel est son idéal.

Il est peu d'amateurs qui ne s'inquiètent de la matière sur laquelle le peintre a couché ses couleurs. Absorbés en apparence devant une peinture, ils la regardent à peine et frappent du doigt sur chaque tableau, comme s'ils demandaient à entrer.

— La porte! a-t-on envie de crier derrière eux.

Un chef-d'œuvre peint sur toile les intéresse médiocrement. Il y a tant de peintures sur toile !

Ce tableau est sur panneau.

— Diable! s'écrient-ils.

Sur cuivre :

— Bigre!

L'enthousiasme de l'amateur ne s'arrête plus quand il possède une chose quelconque peinte sur marbre.

— Sur marbre, monsieur, disent-ils en présentant le tableau pour en mieux faire juger le poids, sur marbre!

L'homme aux tableaux sur marbre peut donner la main au bibliomane qui ne voulait dans sa bibliothèque que des livres reliés en peau humaine.

Cet autre flaire la peinture de près. Il cherche une seconde peinture cachée sous la première; monomane appartenant à la classe des acheteurs de vieux fauteuils pour y découvrir des billets de banque, il a *deviné* qu'il y avait un Raphaël caché sous une peinture galante. Quelqu'un lui a confié qu'au xviiie siècle les Raphaël étaient si communs et si peu appréciés en France que les peintres se servaient de chefs-d'œuvre italiens pour les recouvrir de couleurs profanes.

Le monomane, rentré chez lui, prépare sa cuisine et va donner la question au Raphaël. Un alchimiste qui cherche la pierre philosophale n'est pas plus attentif devant ses cornues. Les caustiques coulent sur le tableau et rongent le vernis. Les glacis commencent à disparaître. Notre homme se frotte les mains. L'acide entre dans les ravins de la pâte et bouillonne. Déjà le maniaque entrevoit des *dessous* qui font bondir son cœur.

Sous les paniers de la robe d'une petite marquise,

il aperçoit quelque chose de vague qui doit être le profil d'une madone. Est-ce un Raphaël? Qu'importe! ce sera tout au moins un André del Sarte.

Le caustique fume et charrie toutes sortes d'écumes dans des flots jaunis par la poussière de deux siècles. Encore quelques minutes et le chef-d'œuvre apparaîtra! Le maniaque prend une éponge et, plein d'émotion, frotte la toile enveloppée dans les nuages, d'où sortira radieuse une Vierge idéale. Le mystère va être dévoilé.

Le mystère est qu'il y a un tableau de moins dans la circulation.

Le maniaque le pleurera-t-il? Non. Il passe à une seconde, à une troisième, à vingt, trente, cent toiles, sans jamais découvrir de Raphaël. Il a détruit déjà une galerie tout entière et il n'est pas désillusionné. De même que les découvreurs de sources, il sait sous quelles peintures se trouvent les Raphaël. Il n'en a jamais trouvé, jamais il n'en trouvera, mais il a le secret, et il meurt un jour, emportant son secret dans la tombe.

Je ne médirai pas de l'amateur atteint de la *papillonne*, un des rares jolis mots créés par Fourier. Un tableau ne reste pas plus de trois mois dans son cabinet. L'homme a un certain sentiment de l'art qu'il craint d'émousser par la satiété; aussi sait-il varier ses plaisirs et jouir d'une peinture à sa fantaisie, sauf à la renvoyer en vente publique quand il juge que l'harmonie en est fixée dans son cerveau. Cet amateur, qui sait deviner les œuvres ignorées, aurait pu fonder un curieux cabinet. Il l'a dans les yeux, cela lui suffit.

— Et votre Tintoret? lui demandai-je un jour que je voulais revoir une admirable esquisse du Vénitien.

— Trop tard; Tintoret est parti.

— Vous ne le regrettez pas?

— Ah! si vous connaissiez mon Frago!

Certains amateurs disent *Frago* pour Fragonard, en signe d'intimité avec le maître.

— Me permettrez-vous de voir ce Fragonard?

— Quand vous voudrez, mais dépêchez-vous; j'ai rencontré dernièrement un Ribeira, qui me fait paraître minces les coquetteries de Frago.

Frago branle dans le manche; bientôt il est remercié. Ribeira prend sa place jusqu'à ce qu'un flamand lui succède, et ainsi de suite.

Je connais un autre capricieux dont la même maladie, poussée à l'extrême, a amené la ruine. Il avait la manie de l'échange. Ce qui lui appartenait prenait aussitôt la livrée de l'ennui; ce qu'il voyait chez les autres se colorait des teintes les plus tentantes. Cet être bizarre avait une riche collection, dans laquelle il se promenait triste et mélancolique sans jamais la regarder. Elle lui appartenait!

Il entrait chez un amateur son confrère; ses yeux s'illuminaient à la vue du moindre objet. Timidement il proposait un échange qu'on acceptait, tant il semblait l'avoir à cœur. De troc en troc, se ruinant à chaque échange, l'homme en arriva à posséder un petit magot en pierre de liais. Toute sa collection, qui représentait une valeur considérable, peu à peu, par la funeste envie des curiosités d'autrui, s'était fondue dans le creuset de l'échange : dans les cendres il resta un médiocre magot chinois.

La furie de la collection mène fatalement à des aberrations, à des tics.

Un amateur de gravures, montrant ses portefeuilles, pousse un cri : *rre*.

Il veut dire que l'épreuve est rare.

Une estampe plus rare encore amène un : *rrrre*.

Il passe à une épreuve très-rare : *rrrrrrre*.

L'épreuve est unique : *rrrrrrrrrrre*!

Je tiens cet homme pour un tourne-broche en démence, non pour un amateur.

Balzac fut un véritable collectionneur. Au milieu

des agitations de sa vie, de sa fièvre de travail, de la trombe de créanciers et d'huissiers qui sans cesse tournaient autour de son mobilier, il sut mettre à l'abri certains objets précieux auxquels il tenait presque autant qu'à l'achèvement de son œuvre.

Un jour, la maladie s'abattit sur lui. Les médecins déclarèrent qu'un repos absolu était nécessaire; toute émotion surtout devait être écartée de lui.

Avec rapidité le mal s'empara de cette forte organisation. Balzac était condamné et n'avait plus que quelques jours à vivre.

Un matin on ne le trouva plus dans son lit. L'étonnement du médecin fut extrême. Que pouvait être devenu le malade?

Dans son cabinet, Balzac montrait ses curiosités à un ami qui était accouru de province, croyant trouver éteint ce grand esprit. La passion de la collection avait rendu quelques instants de vitalité au moribond.

On ne doit pas passer sous silence l'amateur d'objets historiques, celui dont le coupeur de faits divers dans les journaux, annonce gravement la merveille dans les termes suivants :

Madame Gravis, demeurant à Calais, possède la

cuillère en bois qui a servi à Marie-Antoinette pendant son incarcération au Temple.

Ce qui amène chez madame Gravis une Anglaise sentimentale qui, ayant déjà versé quelques larmes dans le cachot de Marie-Antoinette, à la Conciergerie, consigne sur son carnet qu'elle a été en outre admise à contempler (*to behold*) la précieuse cuillère en bois (*the priceless wooden spoon*) de l'infortunée victime (*of the infortunate victim*)!

Une des phases par lesquelles passe le collectionneur est d'acheter une palette vers les cinquante ans. Lui aussi sera peintre, grand peintre. N'a-t-il pas dans sa bibliothèque tous les fameux historiens de la peinture, Descamps, d'Argenville, de Piles, l'abbé Du Bos, qui lui ont appris les lois du Beau? Et les tableaux qu'il a dévernis, dépouillés de leur crasse pour étudier les mystères de la touche, des frottis, des empâtements, des glacis, des repentirs! Les vieux maîtres n'ont pas de secrets pour lui.

Vous êtes étonné dans une galerie d'Hobbéma, de Wynants, de Ruysdael, de voir accroché en pleine lumière, au milieu du cabinet, à la place d'honneur, une abomination dont les paysages de Boissieu, le Lyonnais, sont le modèle réussi. Inclinez-vous, c'est l'œuvre du maître de la maison. La nature a animé ses pinceaux ; si vous voulez conserver son amitié, comparez son talent à celui de Claude Lorrain.

Quand il ne peint pas de paysages, l'amateur se lance dans la nature morte : il débute par le portrait de ses pantoufles, de son bougeoir, ou tracasse sa cuisinière en lui enlevant les volailles qui arrivent du marché.

Ce ne sont pas seulement des compliments qu'il faut à cet amateur ; l'homme qui longtemps a réfléchi avant *d'aborder* ce dindon, qui y rêve la nuit, en songeant à Chardin, qui se consume en efforts afin de rendre le plumage brillant de la bête, a besoin de vifs encouragements pour la *pensée* qui le guide.

Son rêve est d'être reçu au salon. Hélas ! un inique jury lui refuse pendant dix ans un *sujet admirable* : une énorme citrouille entamée, posée sur une chaise de cuisine, de grandeur naturelle !

II.

DICTIONNAIRE A L'USAGE DES CONNAISSEURS
QUI NE S'Y CONNAISSENT PAS

CHAPITRE II

DICTIONNAIRE A L'USAGE DES CONNAISSEURS QUI NE S'Y CONNAISSENT PAS[1]

Anatomie. — Un des mots les plus utiles au collectionneur.

Vous pouvez toujours dire : « *Il est fâcheux que cet artiste ne connaisse pas l'anatomie,* » laissant supposer par là que vous la connaissez à fond. Surtout glissez adroitement le mot *métatarse*, et dites, par exemple : « Ce *métatarse* n'est pas à sa place. »

Anatomiquement parlant, le *métatarse* s'applique à une certaine partie du pied ; mais comme seuls les

---

[1] Certains amateurs manquant d'une éducation artistique, base d'une conversation substantielle, j'ai cru utile de jeter, sous forme d'articles de dictionnaire, quelques notes prises à l'aventure, laissant aux personnes qui voudront bien les approfondir le choix de l'ordre que ces piquants aperçus devront prendre dans les rapports avec les visiteurs.

chirurgiens le savent, le connaisseur peut hardiment appliquer le *métatarse* à tout le corps. Le savant critique Chesneau (du *Constitutionnel*) infligea de légitimes reproches à M. Ingres en signalant, à propos du *Saint Symphorien*, le mauvais emploi du *métatarse* de l'épaule gauche.

La langue française est pleine de ces extensions. En dépit de l'Académie de médecine, *métatarse* fait actuellement partie du Dictionnaire artistique, et représente à volonté le col ou le mollet, la cuisse ou le nombril.

Rubens. — Prononcez **Roubennsss!** — On conseille aux amateurs de prendre, pour la prononciation des noms d'artistes étrangers, quelques leçons de vibration de David, ancien confident de Talma, que la Comédie-Française a laissé sans engagement depuis trop longtemps.

Portrait. — Un portrait n'a que faire de la *ressemblance*. Il doit avant tout avoir du *style*, de la *tournure*. Il n'y a de bons portraits que les portraits à manteaux. L'homme d'apparence chétive a besoin de draperies. Il ne faut admettre dans de riches collections que des portraits animés d'une flamme soudaine. Si à de nobles passions qui circulent sur tous les traits, l'artiste joint un manteau bien étoffé, ce portrait peut être cité comme le type du genre.

Mon ami N. Martin qui, dans le *Parfait connaisseur*, a développé et augmenté les remarques de l'humoriste allemand Dettmold, ajoute encore d'excellentes recommandations pour le curieux qui regarde un portrait. Le connaisseur devra sévèrement s'interdire, à propos de portraits, les formules toutes faites qui sont à la portée et à l'usage de tout le monde. Si on les rencontrait dans sa bouche, il risquerait fort de compromettre son caractère et de passer pour un homme ordinaire. Parmi les formules banales, je me bornerai à indiquer les suivantes ;

— On dirait qu'il va s'élancer hors du cadre !

— Il semble qu'il va parler !

— Son regard vous fait signe, d'où que vous l'examiniez.

Il peut se présenter tel cas où, je dois le reconnaître, le critique se verra en quelque sorte forcé de tirer de son arsenal des armes rouillées ; mais qu'il ait bien soin alors de s'arranger de manière à les neutraliser complétement ; qu'il y mette des sourdines en leur donnant pour laisser-passer des cor-

rectifs dans le genre de ceux-ci : « *Comme on a
» l'habitude de dire* » ou « *Pour employer ici une com-
» paraison qui bien que vulgaire ne manque pas d'une
» certaine énergie.* »

Sa dignité restera certainement intacte s'il dit, par exemple :

— Un délicieux portrait ! C'est le cas, ou jamais, de répéter une fois de plus cette image peu neuve : Ne dirait-on pas que cette figure va s'élancer hors de son cadre ?

Cette composition rappelle Michel-Ange. — Phrase qui trouve son emploi à tout instant.

Feu Gustave Planche a écrit quelque part :

« Nous sommes d'avis et nous serions étonné que quelqu'un osât émettre une opinion contraire à la nôtre; nous sommes d'avis, à notre avis, disons-nous, que les critiques qui nous succèderont comprendront la valeur de notre sentiment esthétique et approuveront de tous points notre manière d'envisager le grand maître de l'école florentine. »

En effet, de jeunes intelligences ont suivi l'avis du regrettable chef de la critique en France, notamment M. Chesneau (du *Constitutionnel*), qui ne s'est pas contenté seulement de revêtir la peau du lion, mais a sucé la moëlle de ses principes.

Toutefois les maîtres de l'art appartenant à une même famille, M. Chesneau, rédacteur au Louvre, propose de dire : *Notre Buonarotti*.

Zeuxis ayant exposé en public un tableau où il avait si bien peint des raisins que les oiseaux venaient les becqueter, son rival Parrhasius, qui l'avait défié, fit apporter un autre tableau où était un rideau si artistement représenté que Zeuxis y fut trompé le premier, car voulant le tirer pour voir la peinture qu'il croyait être dessous, il devint tout honteux et avoua que Parrhasius l'avait trompé.

Procédé. — L'amateur qui parle de peinture doit savoir distinguer un pastiche d'un pastel, et une gouache d'un dessin à un seul crayon. (Yvan Golovine.)

Réalisme. — Quel drame palpitant que celui de ce jeune peintre, voué à la reproduction des garçons pâtissiers, qui a représenté un petit marmiton portant en ville un vol-au-vent sur la tête !

Un gros chien, sur le trottoir, suit depuis quelque temps avec des yeux pleins de convoitise le petit pâtissier, blême de frayeur. Le peintre a rendu avec une vérité accablante l'effroi du patronnet suivi par le molosse. On se demande ce que deviendra le vol-au-vent, s'il arrivera intact chez les bourgeois qui l'attendent. Une écrevisse qui passe sa tête curieuse par dessus le couvercle du vol-au-vent est supérieurement traitée; on voit que l'artiste a été à bonne école.

Le vol-au-vent, le marmiton, le molosse, l'écrevisse, voilà des acteurs intéressants, des sujets tout à fait modernes.

Jean Ranc. — D'Argenville raconte que Jean Ranc, neveu de Rigaud, ayant fini un portrait, les amis du modèle trouvèrent le portrait peu ressemblant.

Jean Ranc promit de retoucher le portrait, s'entendit avec le modèle, troua une toile et lui fit passer la tête par le trou. Les amis difficile ne trouvaient pas encore le portrait à leur guise.

— Le nez est trop gros, disait l'un.

— Il y a quelque chose dans la bouche...

— Les lèvres sont plus minces...

— Messieurs, vous vous trompez, c'est moi-même, s'écria le portrait parlant.

Horizon est une sorte de général qui commande à une nombreuse troupe : le *vaste* horizon, les horizons *vagues*, l'horizon *bleu*, les *lointains* horizons, les *vapeurs* de l'horizon.

Horizon *étendu, immense, étroit, rapproché, pur, vermeil, sombre, étincelant, pâle,* toutes épithètes utiles.

Suivant l'état des affaires, on ajoutera quelques variantes destinées à relever la discussion picturale. Exemple : « Mon Rembrandt se rembrunit, — comme l'horizon politique. »

Les recherches actuelles des critiques en matière d'art ont démontré que les paysages à vastes horizons sont généralement du peintre Orrizonti.

Si une visiteuse élégante vous fait l'honneur de s'arrêter devant un de ces tableaux, vous pouvez dire avec malice : — « Mon horizon a autant de vapeurs qu'une jolie femme. »

C'est ce que les gens de goût appellent donner un tour agréable à la conversation.

Girodet fit le portrait de la duchesse de G...

qui, ne se trouvant pas flattée, renvoya le portrait, prétendant surtout que les yeux étaient méconnaissables.

Girodet indigné détacha de sa toile un œil, le fit rentoiler, et l'exposa au salon de 1818, où les gens du monde reconnurent tous, — sanglante vengeance! — l'œil de la duchesse de G...

Sculpture. — Il est démontré par nombre d'observations combien la connaissance de la sculpture est difficile à acquérir; aussi faut-il ne parler de cette branche de l'art qu'avec une extrême réserve. De la statuaire, mon ami N. Martin a dit judicieusement :

« Par cela seul que des ouvrages ont été exécutés en marbre, on est autorisé à présumer qu'ils ne sont pas mauvais, et dans ce cas il n'y a jamais grand danger à en faire l'éloge. »

Et il ajoute : « Quant aux ouvrages en métal, alors surtout que le temps les a consacrés, et particulièrement encore s'ils sont en bronze, il y a toujours lieu de les louer et de laisser voir devant eux un certain enthousiasme. »

Patine. — C'est ici qu'il convient de placer

adroitement un mot sans lequel il est impossible de faire montre de connaissances en matière de bronzes antiques. — Quelle *patine*, monsieur! est un cri qu'on laisse échapper en faisant jouer la lumière sur l'oxyde harmonieux que le temps a ajouté à une médaille. Le mot se répète plusieurs fois et à divers intervalles. Quelle patine! quelle patine!

On prendra garde de dire : Quelle *platine!*

Protogène, célèbre artiste contemporain d'Apelles, furieux de ne pouvoir rendre l'écume qui sort de la gueule des chiens, de dépit jeta son pinceau contre la toile, et le hasard le servit mieux que son talent.

Plus tard, Néocles usa du procédé de Protogène pour rendre un cheval écumant et s'en trouva à merveille.

Gouache. — S'écrivait autrefois *gouasse* (de l'italien *guazzo*).

On fera montre de réelles connaissances, à propos d'un art malheureusement abandonné, en prononçant *gouazze* à l'italienne.

Il en est de ce parti pris euphonique comme des airs de danse de Cupis le Jeune, dont le charme s'envole quand ils ne sont pas joués sur la pochette.

Ragoût. — Un tableau a du *ragoût* quand il est peint avec des ingrédients particuliers, séché au four, surtout quand la pâte sèche sera raclée avec du verre. Quelques coups de rabot dans de vieux empâtements, des grattages avec une pierre-ponce, l'huile d'une boîte de sardines renversée à propos sur la toile, donnent à certaines peintures romantiques un ragoût particulier, dont le secret est perdu pour la génération actuelle.

Actuellement, un tableau plein de ragoût vaut quarante mille francs. On ne peut obtenir à l'Hôtel Drouot un dessin au suif qu'avec une dizaine de mille francs.

Plastique. — *L'art chrétien manque absolument de plastique*, fait observer N. Martin.

Excellente phrase, qu'on peut glisser adroitement à la suite de la *patine* antique.

Les feuilletons de notre célèbre critique Perroquet (du *Siècle*) sont pleins de ces aperçus propres à fournir d'excellents thèmes de conversation et qui prouvent que l'homme qui les emploie appartient non-seulement à la classe des connaisseurs, mais à celle des libres penseurs.

Les Vernet. — Cette illustre famille de peintres prête à de nombreux commentaires. Carle était-il supérieur à Joseph? Horace a-t-il dépassé son père et son grand-père?

Les batailles sont-elles plus difficiles à rendre que la mer en courroux, les flots agités qu'un cheval emporté? Elles ne seront pas perdues les soirées consacrées à analyser ces questions de haute esthétique.

Si des étrangers visitent votre galerie, il est bon de réveiller leur attention par de piquants récits. Joseph Vernet saisissait ses pinceaux, attaché, pendant une tempête, au grand mât d'un navire. Carle Vernet saisissait ses crayons quand, sur un cheval qui avait pris le mors aux dents, il cherchait à surprendre le secret des mouvements du noble animal. Et le général B... eut besoin de toute son autorité pour empêcher Horace Vernet de se faire attacher à la gueule d'un canon pendant la bataille de l'Alma.

— C'est là seulement, disait notre grand peintre national, que j'aimerai à saisir ma palette.

Correct. — Un homme d'esprit a dit justement : « De même que le rôti appelle la sauce, de même aussi le mot *dessin* veut être suivi du mot *correct*. »

Perspective. — *Ce paysage manque de perspective. Les personnages ne sont pas en perspective.* Deux aperçus qui annoncent la perspicacité de l'amateur. Il est dans l'usage de marier *perspective* avec *aérienne*. Cette union porte d'excellents fruits.

Raphaël est un mot qu'il faut laisser au vulgaire. Ce serait faire injure que d'apprendre aux connaisseurs que le nom se prononce à voix basse : *le divin Sanzio*.

Le véritable amateur pousse le respect jusqu'à enlever sa calotte à gland d'or, quand il parle de Raphaël. Les marques de respect données par de simples particuliers valent une statue de bronze.

Flou. — Onomatopée charmante qui rend la tendresse et l'aisance d'un pinceau exercé. Le mot redoublé prend une légère teinte de dédain.

— Ce tableau est *flouflou*.

Par là vous indiquez que vous vous tenez sur une

réserve prudente, sans vouloir contrarier un collectionneur enthousiaste.

Brio. — Mot des plus importants, quand il est bien appliqué.

— Ce tableau a du *brio*.

Cela se prononce d'un ton dégagé en arrondissant le bras et, comme dans une valse, en pivotant sur les talons.

Rembrandt se prononce en Flandre *Remmmmmbrannnndtttt*. Quand il s'agit de ces grands maîtres, c'est une fanfare qu'il faut entonner du gosier; la langue doit saluer tout nom illustre avec l'animation d'un trompette de cavalerie.

Animaux. — N. Martin fait remarquer combien il est important à un amateur de surveiller les formes des animaux, dont les peintres connaissent médiocrement l'anatomie.

« On se demande si c'est à la poésie de l'invention qu'il faut attribuer le charme si attrayant de ce tableau. Bien que le *pied gauche* de devant du blanc palefroi soit *un peu court*, on ne peut s'empêcher d'admirer dans ce noble animal la délicatesse des tons, la rondeur du dessin et la grâce soutenue du caractère. »

Meissonier. — L'heureux propriétaire d'une de ces toiles, qui valent leur poids en billets de banque, doit, quand il en parle, désigner son tableau sans omettre aucun détail.

— Mon Meissonier, dira-t-il, haut de 13 centimètres, large de 75 millimètres, représente un jeune homme debout, culotte rouge, bas bleus, justaucorps de buffle gris, manches de veste orange.

L'illustre esthéticien Trapadoux critique ces désignations comme entachées de minutie; mais si un autre collectionneur de Meissonier possédait une répétition de ce jeune homme debout en culotte *bleue*, en bas *jaunes* et en manches de veste *vertes*, quelle regrettable confusion pour les historiens futurs !

Anachronismes. — « Un peintre doit avoir beaucoup d'érudition. Un peintre d'histoire doit savoir l'histoire sacrée et l'histoire politique ou militaire. Il doit connaître la géographie et même la topographie des localités qu'il retrace, les usages et les costumes du temps qu'il représente. Rembrandt faisait fausse route en couvrant les Juifs de costumes espagnols et les Européens de costumes orientaux. » (Yvan Golovine, *Manuel du marchand de tableaux*, 1 vol. in-18. Paris, Dentu. 1862.)

Magistral. — Nous avons réduit les adjectifs à l'état de servage en en faisant de simples domestiques du substantif; toutefois il en est quelques-uns qui déchirent leur livrée et revendiquent un rang plus honorable dans la langue.

Magistral est au nombre de ces révoltés : une « composition magistrale, » un « faire magistral. »

A l'aide de ces deux mots, celui qui, l'enthousiasme au cœur, se présentera chez un membre de l'Institut, recueillera un de ces aimables sourires qu'amène toujours l'heureux emploi de : « compositions magistrales. »

Mot à employer avec discrétion.

Waagen. — Auteur allemand d'un dictionnaire estimé sur les artistes de toutes les écoles. Quoique bourré de renseignements, cet ouvrage ne contient pas plus de dix volumes in-octavo.

L'amateur qui possède un Waagen a une immense supériorité sur la plupart de ses confrères qui n'étudient pas.

Il est bon de faire porter son Waagen au Louvre par un petit domestique, et d'étudier les principaux tableaux en feuilletant les dix volumes.

Ainsi font au Conservatoire les dilettanti qui écoutent une symphonie de Beethoven les yeux sur la partition.

On peut encore envoyer son Waagen à l'Hôtel des Commissaires-Priseurs, s'installer dans un coin sur le bout d'une table, et contrôler, grâce au dictionnaire, les fausses attributions trop souvent mises en avant par les experts.

Cet examen s'étendra particulièrement aux toiles cotées à 1 franc. Quand vous vous écrierez : « *Cette peinture n'est pas mentionnée dans Waagen,* » chacun saura à quoi s'en tenir sur la réalité de la chose en adjudication.

Caricature. — Un des plus dangereux éléments de démoralisation des masses. La caricature est une excitation perpétuelle à la haine des sujets contre leur souverain.

On ne saurait invoquer trop de lois répressives

contre la caricature qui rabaisse les hommes au lieu de les élever.

Brochard. — Notre pastelliste le plus estimé.
La maison Alphonse Giroux a été assez heureuse pour accaparer toutes les œuvres de Brochard. Ses pastels frais et riants sont toujours vus avec plaisir. La façon de procéder de Brochard est simple comme celle des maîtres. Les meilleurs professeurs de dessins des grandes institutions font copier avec raison des pastels de Brochard aux demoiselles, pour leur former le goût.

Clair-obscur. — Une cave noire, un buveur qui s'avance une lumière à la main, voilà le véritable clair-obscur dont un Belge au nom prédestiné, Van Schaendel, a rendu les effets avec une incontestable supériorité.

Idéal. — L'Idéal est déjà une précieuse conquête, à titre d'adversaire du Réel. Choisir dans la nature ce qu'il y a de plus parfait, la femme, le rossignol, la rose, indique une nature délicate audessus du commun.

La citation suivante, tirée d'une lettre de made-

3.

moiselle Plessy, de la Comédie-Française, fera mieux comprendre l'Idéal que de longues dissertations.

Le peintre Hébert venait de peindre son portrait. Dans son enthousiasme, la comédienne écrit à une amie : « Ce ne sont pas mes traits que l'artiste a reproduits, c'est mon âme! »

Les jeunes gens sont assurés de faire un chemin rapide en parlant de l'Idéal.

État s'applique surtout aux estampes. L'*état d'une gravure.* Une gravure a passé quelquefois par dix, quinze, trente, cinquante états, suivant la conscience de l'artiste. La femme de Balechou, disent les historiens de l'art, profitait du sommeil de son mari pour s'emparer de sa planche et la livrer à l'éditeur, Balechou n'étant jamais satisfait de la pureté de ses tailles.

En sa qualité d'ancien homme d'État, M. Thiers s'intéresse particulièrement à ces essais. On voit dans son cabinet treize états du *Fumeur riant* d'Ostade.

Le premier est une très-rare épreuve tirée avant que deux traits diagonaux, à la pointe sèche, sur le fond à gauche, à mi-hauteur du fumeur, aient disparu.

Le second état est une belle épreuve tirée après la

disparition des deux traits diagonaux mentionnés à l'article précédent, mais avant un petit trait sur le bord du bonnet, entre l'oreille et l'œil droit du personnage.

Dans le troisième état, Ostade a enlevé le bonnet de son fumeur.

Le peintre a réfléchi sans doute qu'un fumeur à la fenêtre ne pouvait se montrer sans bonnet; aussi l'a-t-il replacé lors du quatrième état.

Une plume de coq a été plantée sur le bonnet au cinquième état.

Sixième état. Moins d'importance donnée à la plume de coq.

Un chat apparaît sur les épaules du fumeur au septième état. Il suit avec un intérêt marqué la fumée de la pipe.

Huitième état. Le chat donne un coup de patte à la plume du bonnet et la pipe du fumeur disparaît au neuvième état.

Une légende en flamand indique, dans le dixième état, que cette estampe a pour titre définitif: l'*Homme au chat*.

On suit les tourmentes d'esprit d'Ostade, qui charge de tailles sombres le onzième état de l'ex-*Fumeur riant*.

Douzième état. L'eau-forte a trop mordu et creuse de sombres ravins.

L'estampe est absolument gâtée au treizième état. Les troubles dont l'imagination d'Ostade était pleine se font remarquer dans le hérissement de la plume du bonnet, et le chat épileptique semble cracher à la figure de l'honnête Flamand, si heureux la pipe à la bouche dans le premier état.

Giotto. — Le pape Benoît IX, ayant de grands travaux de peinture à faire exécuter, demanda à tous les artistes de lui soumettre des dessins. Giotto se contenta d'envoyer un O.

— Il n'y a qu'un illustre artiste, dit le pape, qui puisse faire un O si parfait.

Et Giotto eut les commandes.

Critique. — « La critique par trop bienveillante endort les arts : les plus grands ennemis des peintres comme des auteurs sont leurs flatteurs. M. Viardot dit qu'on doit la vérité aux morts et des égards aux vivants; mais c'est un principe plus commode que juste. » (Yvan Golovine, déjà cité.)

Géricault, dit M. Golovine, « est mort à

vingt-huit ans, mais son nom est d'autant plus grand que le nombre de ses tableaux est plus petit. Achille Giroux l'approche de près[1]. »

Gout. — Pour bien juger des ouvrages de peinture, il faut avoir le goût sévère. Les amateurs feront bien de méditer ce mot de Walpole : « Le *mauvais goût* qui précède le *bon goût* est préférable à celui qui lui succède. » A la première lecture la phrase paraît obscure ; mais le sens en est profond.

Celui qui a le courage de protester contre *le goût du jour* parlera d'or.

Les princes seuls, par la fortune, peuvent se permettre de posséder des Raphaël, des Rembrandt, des Vélasquez. Suivez les princes le plus près qu'il vous sera possible, et ne vous laissez pas prendre à des noms d'artistes de troisième ordre.

Tous les jours on vend des toiles *dans le goût de*

---

(1) M. Yvan Golovine est un écrivain russe qui fait honneur à sa nation par ses nombreuses connaissances en peinture. Son *Manuel du marchand de tableaux* pourrait être cité tout entier, et je ne manquerai pas, dans ma prochaine édition, d'introduire dans le texte la recommandation suivante de M. Golovine : « Il faut accrocher soigneusement les tableaux à des clous qui ne se défassent pas, plutôt par une corde ou à deux clous qu'à un seul. »

Raphaël ou *dans le goût de Rubens*, qui sont cotées à trois et quatre francs par des experts ignorants ; en ne manquant pas ces occasions, l'amateur fera preuve de respect envers les maîtres.

Médecins. — On sera étonné de trouver ce titre dans un dictionnaire exclusivement consacré aux beaux-arts. Les médecins qui portent des chapeaux à grandes ailes, se connaissent mieux en peinture que les autres classes de la société ; du premier coup d'œil ils jugent de la maladie d'un tableau, s'il est recouvert de ces honteux emplâtres qu'on appelle des *repeints*.

D'excellents praticiens ont renoncé à leur clientèle pour acheter des tableaux. Le véritable amateur devrait se livrer à des études médicales avant de fréquenter l'hôtel Drouot.

Loupe. — L'instrument le plus précieux du collectionneur de petites toiles. La meilleure façon de juger sainement un tableau de Gérard Dow est d'apporter une loupe de la grandeur du tableau.

Marines. — Nous avons la vanité de tout rapporter à la France. Le suprême peintre de marines, nous disons que c'est Joseph Vernet ; nous ne sommes pourtant que les imitateurs des Italiens, et le véritable amateur doit toujours aller aux sources. Si vous possédez une belle marine, dites hardiment qu'elle est de Tempesta.

Craquelures. — « S'il y a des craquelures dans un tableau, dit M. Yvan Golovine, c'est qu'il n'y a pas de repeint. On a essayé en vain d'imiter les craquelures avec une épingle. Le temps seul les produit. » Et l'écrivain russe ajoute admirablement : « Il faut quatre-vingt-trois ans pour produire les craquelures. »

Signature. — Un chimiste habile a découvert qu'une fausse signature de tableau disparaît sous des frictions prolongées à l'esprit-de-vin. Chose singulière, on peut frotter avec la même liqueur une vraie signature, elle tient bon.

Il est malheureusement impossible d'employer ce procédé avec les tableaux non signés.

Cadre. — Le curieux qui, dans l'atelier d'un peintre, se trouve embarrassé devant une composition sans intérêt, peut se rejeter sur la richesse du cadre.

Si ce compliment ne suffisait pas à l'artiste, le visiteur ajoutera pour prouver sa compétence :

— On voit bien que ce cadre n'est pas *doré à la sauce*.

III

LA FAIENCE DES MÉDICIS

CHAPITRE III

LA FAIENCE DES MÉDICIS

—

(Fragment des Mémoires du secrétaire d'un homme illustre.)

Dans ma jeunesse, je fréquentais un homme célèbre, à qui j'obéissais en tout. Il m'eût commandé de sauter du haut des tours Notre-Dame que je n'eusse pas hésité, tant sa réputation et son caractère m'imposaient de soumission. Ce grand homme avait la passion des faïences de Médicis. On lui eût dit : « Telle pièce curieuse existe en Italie, » qu'il serait parti aussitôt, abandonnant travaux et affaires, pour augmenter sa collection. Quand il ne parlait pas de lui ou de ses œuvres, mon maître n'avait à la bouche que faïences des Médicis; mais c'était plaisir de l'entendre, surtout pour un disciple fiele qui gobe comme paroles d'évangile les moindres mots du maître.

Un bas-bleu tenta de faire la connaissance du grand homme, quoiqu'il fût connu par son médiocre enthousiasme pour les femmes qui écrivent ; mais le bas-bleu fit tant que mon maître se laissa entraîner à une invitation à dîner. Il en revint avec quatre manuscrits que la maîtresse de la maison avait glissés dans sa poche, et à partir du fatal dîner, les lettres, les visites de la dame prirent un tel développement que le bas-bleu fut décidément consigné chez le concierge.

Pour bien faire comprendre à la dame son indiscrétion, le maître lui renvoya, non décachetés, un drame, une comédie, un poëme, un roman qu'elle l'avait prié de lire.

En recevant le paquet, naturellement le bas-bleu se fâcha et écrivit à mon patron qu'il faisait partie de cette race d'êtres *sans idéal*, qui ne comprennent pas ce que le cœur d'une femme peut contenir de poésie.

— La rengaîne de rigueur ! s'écria le maître, heureux d'avoir rompu avec une fâcheuse d'une si dangereuse espèce.

Mais à quelques jours de là, mon patron rentrait les traits bouleversés.

— La scélérate m'a enlevé une faïence des Médicis ! s'écria-t-il.

Alors il me conta, non sans une vive indignation, que le bas-bleu, ayant entendu vanter ces céramiques, était devenue avide d'en posséder. Avec la passion que portent les femmes à tout ce qu'elles entreprennent, elle avait déniché chez un marchand une certaine tasse en faïence des Médicis, sur les traces de laquelle, lui, le chantre de cette céramique, courait depuis longtemps.

— Mon service était complet sans ce vieux singe ! s'écria le maître qui ne ménageait pas ses expressions. Mais je veux cette tasse, il me la faut, je l'aurai !

Cet homme de génie, enfant quand il s'agissait de bric-à-brac, appelait toutes les colères du ciel sur la tête du bas-bleu, avec qui, depuis les manuscrits renvoyés, il semblait impossible de renouer des relations.

Pendant un certain temps, je perdis de vue mon patron, qui avait coutume de disparaître tout à coup et coupait sa vie de travail par des voyages. Mais une nuit, un rêve singulier s'empara de moi.

Le maître était devant mon lit, un sac de nuit à la main, tenant de l'autre la fameuse tasse tant regrettée.

Ce n'était pas un rêve, mais une réalité, avec ce détail pourtant que la tasse était absente.

A cinq heures du matin, le maître s'écriait :

— Nous aurons la tasse ! Il est écrit que cette tasse m'appartiendra !

Tout en me frottant les yeux, j'écoutais, un peu ahuri, mon étrange patron.

— Écoutez-moi, tout dépend de vous ! me disait-il.

Alors il improvisa un roman picaresque, mêlé de pantomime et d'éclats de rires à la Falstaff. Cet homme qui, par une excessive conscience littéraire, vivait difficilement de ses œuvres, dont la vie se passait au milieu des dettes et des huissiers, oubliait les misères de la course à l'argent pour s'amuser de ses propres inventions. En effet, elles étaient quelquefois d'un gros comique, témoin celle-ci :

Le maître, en revenant de voyage, avait jeté les yeux sur moi pour entrer dans ses plans de Scapin. Et il me réveillait à cinq heures du matin pour m'annoncer que je devais devenir amoureux du bas-bleu.

— Je ne connais pas la dame, répondis-je.

— Vous ferez connaissance par lettre. Vous arrivez de province, d'une certaine petite ville, n'importe laquelle, où il n'est question que du roman de cette guenon... qui enlève mes faïences, s'écria-t-il avec un soupir. Ah! tu me le paieras! reprenait-il avec menace. Le roman de ce bas-bleu est admirable d'un bout à l'autre... Je dis ad-mi-ra-ble! Madame Sand n'a rien donné de mieux... Il n'est pas une page qui ne contienne des délicatesses dont, seul, le cœur féminin a le secret.

— Ne prétendiez-vous pas jadis que ce roman était à crever d'ennui?

— Sans doute; mais je vous fais la leçon... Ce que j'expose sommairement doit être amplifié par vous avec un enthousiasme considérable... L'œuvre de ce bas-bleu a une portée immense, songez-y... Mme de Staël eût tendu la main à l'auteur en l'appelant : ma sœur... Enfin, c'est une œuvre forte, bien pensée, bien conduite, etc.

— Il faut donc que je le lise?

— Ah! que ces jeunes gens sont naïfs! Le mot *œuvre* ne suffit-il pas quand vous avez pour couronnement d'admirables bijoux, tels que : *Supérieure, inimitable, inouïe, chaleureuse, délicate, distinguée, puissante...* Avec la moitié de ces épithètes, Stendhal n'eût pas demandé plus de cinq minutes pour triompher de la belle... qui n'est pas belle.

— Ainsi vous me conseillez d'écrire?

— Oui, pour commencer. Lettre enthousiaste de

jeune homme de province, arrivant à Paris pour publier un volume de poésies.

— Je n'ai jamais fait de vers.

— Qu'importe ! Un jeune poëte est toujours intéressant... Ne craignez pas que la dame vous invite à réciter de vos poésies ! Elle vous lira, je vous plains, mais qu'y faire ! un fragment inédit du livre qu'elle compose assurément.

— Si la dame ne répondait pas à ma lettre ?

— Elle répondra... On ne lui envoie pas tellement de billets enthousiastes qu'elle soit blasée... D'ailleurs, vous aurez manifesté le vif désir d'être admis à l'honneur de contempler de près l'auteur d'un livre qui vous a tiré tant de larmes. Ne riez pas, vous avez pleuré en lisant ce roman, c'est convenu. Vous êtes encore jeune, votre âme est tendre... Il faut qu'on voie ce jeune cœur ouvert à toute illusion.

Et le diable d'homme, avec son rire à casser les vitres, s'amusait autant de ma stupéfaction que du roman qui coulait de source de son esprit joyeux et rusé.

— La dame vous reçoit chez elle... Votre entrée décidera de tout... Devez-vous, dès le premier pas, vous appuyer contre un meuble, ébloui par les charmes et la réputation d'une femme si célèbre? Songez qu'un tendre embarras produit toujours un excellent effet! Ne manquez pas de rougir en entrant?

— Je ne sais pas rougir à volonté.

— Pâlissez alors!

Mon maître commençait à m'effrayer.

— Ah! le mauvais comédien! Tombez à la renverse, et ne me dites pas que vous ne savez pas comment tomber à la renverse. Il le faut... Surtout, attention à vos yeux... voilà l'essentiel... Soyez niais, peu importe, mais que vos yeux conservent toute leur puissance... Vous devez voir d'un coup d'œil dans quel coin de l'appartement se trouve la fameuse faïence des Médicis... Je vous accorde deux séances pour enlever au bas-bleu cette admirable tasse. Si vous ne me rapportez pas la faïence dans huit jours, je vous tiens pour un être sans consistance.

— Mais cette dame vendra peut-être fort cher la fameuse faïence?

— Qu'importe! Je crains plutôt qu'elle ne veuille s'en dessaisir ni pour or ni pour argent... Vous devez offrir mieux à la personne.

— Quoi?

— Vraiment, ce garçon-là ne paraît pas m'avoir fréquenté ! N'est-il pas entendu que vous tombez follement amoureux au premier coup d'œil ! Vous recevrez en entrant le coup de foudre, ce fameux coup de foudre auquel nulle femme ne résista jamais... Un bas-bleu qui échapperait au coup de foudre ne serait pas un bas-bleu. Quand on sait jouer du coup de foudre, on conquiert la faïence des Médicis, ou on est un nigaud. Allons, bon succès, monsieur l'amoureux !

Et le maître partit en se frottant les mains, fier de sa combinaison ; mais je fus pris d'une certaine terreur. La besogne taillée par mon patron n'était pas facile à coudre ; cependant je parvins à rédiger une page enthousiaste, et quoique je souhaitasse que la dame ne tombât pas dans le filet de ces adulations, il en arriva comme le maître l'avait pronostiqué.

Par un petit billet j'obtins rendez-vous pour le lendemain, et je me rendis, non sans serrement de cœur, à l'adresse indiquée.

— Essayons de devenir flamme ! me dis-je en montant lentement l'escalier.

Je sonnai d'une main timide. La porte s'ouvrit, et alors parut la divinité qu'il s'agissait d'humaniser.

La dame était coiffée d'un turban jaune, posé en arrière, qui mettait à découvert un gros front bombé, au bas duquel pointait un nez aigu avec des narines relevées en forme d'accent circonflexe. Un mystère faisait que ses sourcils, luisants et vernis, d'une courbe nette et comme obtenue à l'aide d'un tire-lignes, étaient d'un noir singulier à côté de boucles de cheveux d'un blond fade. Elle me tendit la main, et à la place du fameux coup de foudre, je n'éprouvai qu'une sensation désagréable. Tout ce qu'il y a de poétique dans la femme, voix, geste, ondulations, avait été sans doute dévoré par les tourmentes de l'esprit, car il ne sortait que des sons aigres d'un long cou au-dessous duquel se voyaient ces caves peu divertissantes appelées salières par les gens irrespectueux.

— Je préférerais marcher à la conquête de l'oiseau Rock, me dis-je en entrant dans le sanctuaire du penseur.

Le cabinet de travail, noir et mélancolique, était rempli de journaux de modes, qui hebdomadairement délivraient au bas-bleu la palme du génie. Sur la table une pile de volumes, ayant pour titre *Olympiade*, annonçait que la dame faisait partie d'une société d'intelligences poétiques qui, moyennant une cotisation de vingt-cinq francs par an, trouvent dans la gloire pure la récompense due à leurs aspirations.

— Votre lettre est d'une belle âme, s'écria la dame. On voit, monsieur, que vous avez encore vos illusions.

— Ce n'est pas mon patron qui les arrose, pensais-je, en songeant au singulier rôle qui m'amenait dans la maison.

— Gardez, gardez vos illusions le plus longtemps possible, monsieur, soupira le bas-bleu.

Une fois sur ce ton, la conversation se traîna dans une ornière mélancolique ; mais j'écoutais à peine la dame, songeant à la faïence.

— Ainsi donc mon œuvre ne vous a pas trop déplu, cher monsieur ?

— Je l'ai dévorée, madame.

— Ah !

Sa figure s'illumina ; mais bientôt ses lèvres s'avancèrent avec le mot aussi terrible que court :

— Et ?...

— Oui, madame, repris-je effrontément, j'ai dévoré votre livre...

Il me sembla que derrière moi mon patron me soufflait : « Délicieux. »

— J'ai lu votre livre délicieux et je l'ai relu.

— Vraiment, s'écria le bas-bleu, vous vous êtes donné cette peine?

— Cette jouissance, madame.

Le bas-bleu poussa un cri d'oiseau satisfait.

— Les caractères vous ont-ils paru bien tracés?

— Les caractères sont admirables de force et de poésie.

Intérieurement je me demandais comment j'arriverais à parler faïence.

— Vous avez trouvé quelque poésie? dit la dame, essayant de prendre une voix de fauvette.

— Énormément de poésie, madame?

— Vous êtes un noble cœur, monsieur... Mais, ne parliez-vous pas de force?

— Oui, madame. Un caractère surtout m'a paru plein de force...

Le bas-bleu parut étonné ; sa bouche se pinça.

— Quel caractère ? demanda-t-elle d'une voix altérée.

— Je suis pris, pensai-je.

— Va toujours! me criait la voix diabolique du maître.

— Dans les situations les plus pathétiques, oui, je ne me trompe pas, pathétiques, repris-je heureux d'avoir trouvé ce mot, il y a une force particulière, la force de l'art, la force esthétique, la force de la tendresse, la force du cœur, qui indique une nature fortement trempée... L'exquise délicatesse de l'âme n'implique pas une absence de force (je faisais mentalement une prière pour me tirer de ce pathos), et c'est ce qui distingue, madame, les esprits de votre trempe...

— Oui, oui ! dit-elle, avec une voix d'oiseau attendri.

— Les femmes, à qui certains hommes ont refusé le don des grandes conceptions : l'*Iliade*, la *Divine Comédie*, le *Paradis perdu* (dans quel guêpier me suis-je fourré ! pensé-je), les femmes sont douées de qualités plus fines, plus délicates, plus... (en voilà assez, me dis-je), et c'est ainsi que j'ai cru devoir employer le mot force pour rendre les principales situations de votre œuvre, madame.

— Vous n'êtes pas un lecteur ordinaire, s'écria le bas-bleu.

J'allais répondre, quand, à mon oreille, retentit la voix invisible du maître :

— Et les faïences ? me criait-il.

— Au diable la faïence ! pensai-je, me gendarmant contre le despote.

— Vous m'engagez donc, cher monsieur, à donner au public un nouvel ouvrage... Parlez-moi franchement?

— Ce serait un crime, madame, que de priver vos admirateurs des fleurs écloses dans votre imagination; et quoique le public soit rebelle aujourd'hui aux manifestations de la pensée. .

— Accompliras-tu enfin tes promesses? me cria le maître.

Effrayé de ce nouvel avertissement, je dus faire un soubresaut. Toutefois pour marquer à mon patron ma bonne volonté :

— Le public, dis-je, ne s'occupe plus que de faïences.

— Faïences! s'écria la dame étonnée du mot qui entrait si inopinément dans une conversation esthétique.

Alors, abandonnant les belles-lettres, j'abordai au rivage de la céramique, faisant miroiter aux yeux du bas-bleu l'émail de la faïence. J'insistai sur l'art si noble des anciens potiers et l'enthousiasme qu'excitent leurs produits.

— Moi aussi j'ai quelques pièces de faïences dans ma chambre à coucher, dit la dame d'un ton indifférent.

Mais la poésie était son éternel refrain, et tout en me demandant comment je pénètrerais dans la chambre à coucher, je me résignai pour le moment.

— Cette passion ne vous choque pas? me dit la dame.

— Rien n'est plus agréable, accroché aux murs...

— Julie accrochée au mur ! s'écria la dame.

— Quelle Julie? demandai-je.

— Avez-vous oublié déjà le nom de mon héroïne? me dit la dame d'un ton piqué.

Pénible conversation ! A tout instant j'essayais de revenir sur le terrain de la céramique et le bas-bleu me rappelait à ses inventions romanesques. Et toujours l'ombre du maître planait au-dessus de moi, gourmandant ma froideur. Ah ! si j'avais pu prévoir la portée de la démarche à laquelle m'avait poussé mon patron ! Parler d'un livre dont je n'avais même pas lu le titre me mettait dans la situation d'un homme qui, la nuit, côtoie un précipice. Je craignais surtout que la dame ne m'invitât à préciser mes observations. Heureusement, les bas-bleus ne sont pas sans quelque analogie avec les brochets qui sans cesse ouvrent une large gueule insatiable. La dame avait soif de mes vagues compliments;

cependant l'insistance avec laquelle j'entremêlais mes compliments d'enthousiasme pour la faïence frappa le bas-bleu.

— Pauvre jeune homme, vous avez souffert? me dit-elle.

Sans me donner le temps de répondre :

— Vous cherchez à oublier quelque chagrin de cœur?

Avec un profond soupir, la dame ajouta :

— Bon jeune homme!

— Laisse couler une larme, me cria le maître.

Je baissai mélancoliquement la tête.

— Oui, dit le bas-bleu, vous avez besoin de consolations, et vous en avez cherché de factices dans de vaines collections; mais vous n'avez pu oublier vos chagrins, chère âme.

Par un élan cordial, la maigre personne me prit les mains. Je frissonnai et reculai légèrement.

— Ne reparais pas sans la faïence! cria mon impitoyable patron.

En ce moment, je poussai un réel soupir, auquel la dame se méprit. La vérité est que je souffrais de mon rôle.

— En avant le coup de foudre! me souffla le maître.

De quelle puissance disposent les grandes intelligences! Il me sembla que mon patron, appuyant sa main sur mon épaule, me faisait courber à genoux devant le bas-bleu. En même temps je prononçai des paroles de désespérance amoureuse auxquelles répondait une main de femme passée dans mes cheveux. . . . .
. . . .
. . . .

Où mène l'enthousiasme pour un homme illustre? Et à quoi bon?

Ces grands esprits sont d'un affreux égoïsme. L'humanité, suivant eux, est attachée à leurs moindres actions; tout doit répondre à leurs fantaisies. Aussi savent-ils peu de gré aux êtres qui les entourent des dévouements les plus excessifs.

Mon maître me reçut avec froideur quand je lui dis que je ne rapportais pas la faïence des Médicis. Et ce fut avec des éclats de rire considérables qu'il me paya de mon zèle à souscrire à ses désirs. Il voulut connaître dans ses moindres détails l'insensée passion que j'avais été obligé de feindre pour visiter les appartements les plus sacrés du bas-bleu; mais sa joie fut sans bornes quand je lui annonçai l'issue de l'entreprise, c'est-à-dire la découverte de mauvaises tasses de fabrique anglaise moderne sans rapports avec la faïence des Médicis !

Trompé par un marchand, qui sans doute s'était moqué de la folle passion de mon patron pour les céramiques, le maître crut (peut-être l'avait-il rêvé) que le bas-bleu marchait sur son terrain. Et ainsi je fus chargé d'une délicate et désagréable mission, qui aboutit les jours suivants à des poursuites insensées de la dame, voulant entendre répéter l'aveu de ma passion sur tous les tons, sans cesse et toujours.

IV

LES RÊVEURS ET LES RALEURS

CHAPITRE IV

LES RÊVEURS ET LES RALEURS

Il a été dit que certains amateurs étaient désignés sous le titre de *rêveurs* et de *râleurs*; il existe encore bien d'autres subdivisions.

L'*amateur enthousiaste*, qui, à peine a-t-il vu une curiosité nouvelle, ses yeux étincellent, sa physionomie s'épanouit, son pouls bat fortement. Celui-là est sans défense, et les marchands ne le craignent pas comme l'*amateur boutonné*, qui reste froid, impassible, feint d'admirer une tabatière quand il a envie d'un bahut, et sort d'une boutique sans avoir laissé soupçonner l'objet de ses désirs.

Il faut citer aussi l'*amateur distrait*, dont un célèbre bibliophile a donné un exemple saisissant. Il charge Techener de pousser dans une vente un Alde Manuce d'une certaine valeur. Le soir, M. X... se rend à la salle Sylvestre, et là, caché dans un coin noir où seul peut l'apercevoir le commissaire-priseur, il met des enchères contre Techener, sans se rappeler qu'il lui a donné commission. Ce n'est que quand l'Alde Manuce tant convoité lui est adjugé qu'il s'aperçoit qu'il a payé le livre double de sa valeur, en mettant des enchères contre lui-même.

Faut-il parler de l'*amateur brocanteur*, qui n'achète que pour revendre ? Ce n'est qu'un marchand sans patente.

Le *toqué* et le *rêveur* sont deux variétés d'amateurs entre lesquelles il n'existe que de faibles différences; toutefois la création du mot *rêveur* en matière de beaux-arts est plus délicate que celle de *toqué*, qui appartient à l'argot parisien.

Le *rêveur* est celui qui se complaît dans la possession d'une œuvre médiocre, s'en grise et en jouit comme le musicien d'Hoffmann, qui tirait de sublimes mélodies d'un violon sans cordes. Heureux homme ! Au milieu de sa galerie de *croûtes*, il ressent de vives jouissances ! Les noms les plus glorieux du calendrier artistique sont accrochés à des toiles que n'oserait étaler un brocanteur du quai de l'Hôtel-Dieu. Qui voudrait dissiper ces beaux *rêves* de cent mille francs, car tout tableau, dans le cabinet du rêveur, ne vaut pas moins de cent mille francs !

— Cent mille francs, dites-vous. Vous êtes à peine au tiers. Le rêveur en a refusé dernièrement cinq cent mille !

A chaque marche de l'escalier de l'hôtel Drouot, on rencontre un rêveur. Rêveur de pastels, rêveur de miniatures, rêveur de peintures, rêveur de céramiques. Chaque art entraîne avec lui son cortége de rêveurs.

En 1861 on vendit une galerie de portraits de comédiens de l'hôtel de Bourgogne et de la Comédie italienne. Un ancien officier se donnait l'innocente joie de vivre au milieu des Bouffons, des Célimène, des rimeurs de tragédies, des Dorine et des Sganarelle de l'ancien théâtre. Un pompeux catalogue annonçait que l'amateur dont on adjugeait la galerie après la mort, avait mis plus de trente ans à la réunir, n'ayant épargné ni peines, ni argent, ni voyages.

Pas un portrait authentique dans la galerie de ce *rêveur*, qui fût devenu fou s'il eût vu vendre, de son vivant, à *trois francs le tas*, ses portraits que les marchands ne se pressaient pas d'acquérir.

Les brocanteurs de Paris sont encore inondés de faux *Carlin*, de pseudo *Dangeville*, d'abominables

Regnard, de lamentables *Bigottini*, au milieu desquels l'ancien officier se repaissait d'illusions. Il rêvait ! Il était heureux !

On pardonne facilement à ce rêveur d'humeur douce, qui ne fait tort qu'à ses héritiers; mais le rêveur devient quelquefois féroce.

Qui ne s'est laissé prendre à l'invitation d'un rêveur qui prétend montrer la « plus belle galerie de Paris. » (Toutes les galeries sont *la plus belle galerie de Paris*, comme il est aisé de faire croire à cinquante femmes dans une soirée qu'elles sont chacune *la reine du bal*). Je vais donc voir cette perpétuelle « plus belle galerie de Paris; » mais je ne m'attendais pas à tant d'insistance de la part de mon hôte. J'ai beau tirer de ma poche une provision de :

— Superbe !
— Charmant !
— Admirable !

De *oh!* et de *ah!* passant, par tous les degrés d'un chromatique compliqué, le rêveur me tient un quart d'heure devant chaque misérable tableautin. Il faut regarder la peinture à droite, à gauche, se reculer, grimper à une échelle, pour ce tableau, fourrer ses yeux dans un cornet de carton pour celui-là. Les rideaux de la chambre sont d'abord tirés à moitié, puis ouverts tout-à-fait. Je dois m'asseoir à la fantaisie de mon hôte, me relever tout-à-coup au moindre signe. Le traître m'assomme de : — *Eh bien! — Comment trouvez-vous cela? — Je ne vous avais pas trompé!*

Pas une minute de répit. Les *oui* ne suffisent plus, il faut parler, me battre les flancs, m'enthousiasmer quand même, suivre l'homme dans ses rêves. La femme de l'amateur est dans une embrasure de fenêtre, complice de ce guet-à-pens. Quand l'un se tait, l'autre épie mon sourire. C'est une terrible comédie que je suis obligé de jouer pendant deux heures, et j'en sors avec un mal de tête violent que j'aurais peut-être guéri si la politesse ne m'avait empêché de crier en partant :

— Il n'y a ici que des drogues! Vous êtes un ignorant. On vous a volé, monsieur. Votre galerie ne vaut pas quatre sous.

Mais pourquoi chagriner ces braves gens et contrarier leurs manies? — C'est une bonne leçon. me dis-je en sortant, on ne m'y prendra plus!

Le désir de voir du nouveau fait qu'on se tire d'une ornière pour retomber dans une autre.

Il ne faut pas oublier la femme-amateur. On en

voit depuis quelques années le dimanche aux expositions de l'hôtel Drouot. La femme a plus d'empire sur elle-même que l'homme. Ayant le sens de l'art aussi développé que la bosse de la propriété, il lui serait facile d'acquérir des connaissances en objets de curiosité qu'elle aime et qu'elle voudrait posséder; mais elle raisonne et se dit que des entassements de tableaux et de céramiques, loin de faire la fortune d'une maison, représentent des placements d'argent à fonds perdus, dont les intérêts accumulés ont bientôt doublé la valeur.

C'est la femme qui, dans une vente, justifierait ce titre de *râleur* que les marchands ont infligé à l'homme qui met des enchères timidement et n'ose continuer, de peur de se laisser entraîner.

Le *râleur* est, en bric-à-brac, ce qu'est au lansquenet le *carotteur*, qui se retire au bout de trois *mains*.

Seulement le râleur ne gagne pas, par la raison qu'il n'achète rien. Il reste à court, indécis devant les dernières arabesques du marteau du commissaire-priseur, tant son émoi est considérable, et laisse adjuger l'objet à son voisin.

Quand il entre dans une boutique, le *râleur* est tout de suite reconnu par le marchand, qui le reçoit d'un ton sec, car sa physionomie porte qu'il n'achètera pas. Le râleur marchande, c'est son occupation. Il admire plus d'une chose, mais il a besoin de s'interroger ; il faut qu'il réfléchisse, il repassera demain. Combien de femmes du meilleur monde sont *râleurs* sans le savoir, dans les magasins de nouveauté qu'elles mettent à l'envers, faisant frétiller devant leurs yeux toutes les étoffes et devant toujours repasser demain.

Qui n'a rencontré aux expositions de l'Hôtel un homme coiffé d'un chapeau de cuir, le corps enveloppé d'une longue houppelande bleue bâtie de pièces et de morceaux ? De larges rapiéçages, faisant saillie sur l'étoffe, ont été superposés sur les anciens et cousus avec une sorte de gros fil noir que le temps a rendu blanchâtre en l'élimant. Chose bizarre, deux grandes pièces carrées s'étalent dans la direction des omoplates, qui ne sont pas d'habitude le théâtre de l'usure des habits.

Il faut qu'assis, l'inconnu se livre à un travail particulier, ou qu'il frotte son dos à cet endroit, comme les aliénés bridés dans le corset de force, qui, de même que les animaux des ménageries, se créent des récréations bizarres pour oublier leur liberté perdue.

Cette houppelande étrange m'eût seule fait suivre

l'homme, si le chapeau de cuir n'eût pas attiré mon attention tout d'abord. D'une haute forme, à larges bords, il avait été créé pour abriter l'inconnu contre l'intempérie des saisons, et la partie plate du fond qui recouvrait le tuyau de cuir était, ainsi que les pièces de la houppelande, rattachée par ce même fil noir qui rougissait, jaunissait et blémissait par endroits. De ces attaches et de ces raccommodages, on pouvait inférer qu'ils avaient été exécutés par l'homme lui-même, l'ouvrier le plus maladroit mettant plus de mystère dans ses rapiècements.

Sous des besicles à fines branches (signe de distinction à l'époque où les besicles étaient de mode) se cachaient deux yeux enfoncés, deux caves ; mais on devinait l'intelligence de ces yeux perdus dans l'ombre des orbites, produite surtout par l'attitude baissée que prenait l'inconnu en marchant. Sa figure, soigneusement rasée, plantée sur un corps allongé, flottant sous la houppelande, montrait la pâleur des privations. Le masque était trop petit pour le corps ; il ressortait de tout l'individu quelque chose de réduit peut-être par la faim ; mais cette idée pénible disparaissait quand l'homme, penché sur un tableau, l'examinait. Un être ayant faim n'eût pas contemplé avec tant d'attention un morceau de peinture : on l'eût surpris plutôt à la porte d'un boulanger, guignant un pain.

Il y a autant de façons de regarder de la peinture qu'il y a d'individus différents, et les contemplateurs à l'hôtel des commissaires-priseurs sont pour la plupart de nature grotesque. Les uns s'éloignent et font des cornets avec leurs mains; les autres se collent contre les petites toiles, et d'un regard extraordinairement écarquillé, semblent devoir y achever d'user leurs yeux fatigués ; ceux-ci, une main dans la poche, sifflottent de petits airs gais; ceux-là font *hem! hem!* Quelques-uns toussent; les dénigrants passent avec un *peuh!* de dédain; enfin, il y en a qui sont traités de *sensualistes*, pour ne s'attacher qu'aux parties empâtées d'un tableau, quand d'autres qui se disent des *idéalistes* parlent à voix basse de l'âme du peintre. Il en est encore qui font sonner l'argent dans leurs poches, comme pour inviter le tableau à les suivre.

L'inconnu n'appartenait à aucune de ces classes de regardeurs. Sans dire un mot, sans faire un geste, il s'accoudait devant chaque toile et, rien qu'à son attitude, on voyait quelle attention pénétrante il faisait passer dans son regard. Quand il s'éloignait, **il avait bien vu.**

A diverses reprises, je rencontrai l'homme au chapeau de cuir à l'hôtel Drouot, à la porte des concerts d'été des Champs-Élysées. C'était un ami des beaux-arts, à la condition qu'il ne fût tenu de rien débourser pour y goûter; en effet, on ne le voyait jamais dans les salles aux jours d'adjudications, et sa toilette prouvait des économies forcées, quoique certains amateurs riches sachent se passer de feu pour satisfaire leurs passions.

Ce pauvre homme est encore un râleur. Mais qu'il était attendrissant avec ses habits fabriqués par lui-même, le malheureux amateur de beaux-arts, qui ne vivait que de musique et de peinture sans débourser un sou, lui qui peut-être avait eu jadis une galerie de tableaux et une loge aux Italiens !

C'est un autre râleur qui a trouvé le moyen de se nourrir pour rien à l'hôtel des commissaires-priseurs et quelquefois d'y entendre des concerts.

La musique il s'en donne à cœur joie les jours où un violon de prix étant à vendre, des artistes essayent l'instrument et en tirent mille variations.

Pour l'alimentation, le râleur s'intéresse particulièrement aux faillites de marchands de vins dans la vente desquels à l'hôtel Drouot se dégustent toujours quelques bouteilles. Un verre circule à la ronde, contenant tour à tour vins et liqueurs.

Dans l'automne, le crieur passe une assiette chargée de noix, dans l'hiver, de fromage, pour mieux faire ressortir les qualités du vin.

Chacun casse une croûte, et pour peu que le pauvre diable de râleur ait quelque audace, il peut, en faisant claquer la langue et en tendant son verre, se servir de la formule consacrée dans les ventes de ableaux :

— Je demande à revoir !

C'est-à-dire : — Je demande à reboire.

Et ce sera encore une bonne collation qui ne fait de tort à personne.

V

OU LA HAINE DE VOLTAIRE CONDUISIT UN COLLECTIONNEUR

CHAPITRE V

OU LA HAINE DE VOLTAIRE CONDUISIT UN COLLECTIONNEUR

Un certain M. Nicolardot publia contre Voltaire, il y a quelques années, un gros volume qui a la valeur historique des *Crimes des Papes*.

Dans ce livre, Voltaire commet toutes les mauvaises actions. Il est avare, rusé, cauteleux, jaloux, courtisan, homme de mauvaise foi, créancier impitoyable, sans cœur et sans mœurs, incapable d'aimer, capable des plus épouvantables haines, un monstre pour tout dire.

M. Nicolardot, dont le nom semble avoir été choisi pour faire pendant à ceux des Nonotte et des Patouillet, est un honnête homme à l'esprit étroit, rangé, catalogueur, aimant à fureter dans les vieux papiers. C'est ainsi que péniblement il a composé avec les gazettes et les pamphlets le livre : *Ménages et finances de Voltaire.*

La presse fit grand tapage tout d'abord et le compilateur put se croire passé grand homme ; mais quand le scandale de la polémique fut éteint, M. Nicolardot trouva sa vie un peu vide. Il avait passé cinq ans à ramasser des armes contre Voltaire ; son siége était fait, et il n'était pas sans quelque ressemblance avec ces malheureux commerçants qui, ayant vendu leur fonds, retournent mélancoliquement devant la porte de leur ancienne boutique pour serrer la main de leurs clients d'autrefois.

Ferrailler si longtemps avec un adversaire tel que Voltaire, chercher à le surprendre en défaut, mettre sa conduite en opposition avec ses écrits, l'avoir déshabillé, disséqué, avoir reconnu les forces de ce joûteur redoutable, s'être endormi tous les soirs en maudissant Voltaire, pendant cinq fois trois cent soixante-cinq jours de suite, n'est pas une mince occupation. Il est des maniaques, dont la cervelle se détraque par suite d'*idée fixe*, dont les accès sont moins longs que ceux de M. Nicolardot.

Il rêvait mélancoliquement au successeur qu'il pourrait donner à Voltaire, lorsqu'en se promenant sur le quai, son œil fut attiré par une estampe symbolique représentant une statue de Voltaire dont le bras droit a été brisé par la foudre :

— Ah! la justice divine! s'écria M. Nicolardot, heureux de voir confirmer par un graveur ses idées antivoltairiennes.

Dans son enthousiasme, M. Nicolardot acheta la gravure et complimenta le marchand sur son zèle pour les bonnes doctrines.

Mais, à deux pas de là, un autre marchand étalait une gravure d'un autre ordre : *Les cendres de Voltaire et de J.-J. Rousseau portées au tombeau des grands hommes*. Des citoyens portent au bout de leurs piques les médaillons des deux philosophes; dans les nuages un ange souffle dans une trompette ces paroles : « Leurs ouvrages les rendent immortels. »

Quoique mécontent de ce triomphe des idées philosophiques, M. Nicolardot, pour avoir un pendant, acheta encore cette estampe ainsi que celle où Voltaire s'écrie :

> Descends du haut des cieux, auguste Vérité,
> Répands sur mes écrits ta force et ta clarté.

Plus loin était exposée la fameuse gravure de Voltaire *dédiée aux hommes libres*. Un étalagiste en plein vent montrait le tombeau gravé de Voltaire.

Une idée s'empara de M. Nicolardot. Pourquoi ne pas collectionner les estampes d'après Voltaire? M. Nicolardot avait étudié le philosophe d'après les livres. N'était-il pas utile de l'étudier dans les gravures du temps?

Ainsi fut formée petit à petit une singulière collection qu'il m'a été donné de voir et qui eut, à son tour, une vive influence sur le ménage et les finances de M. Nicolardot.

Son appartement fut rempli des grimaces de Voltaire.

Il y avait la chambre aux apothéoses :

Voltaire couronné par l'éternité;

Voltaire couronné par la postérité;

Voltaire couronné par Belle et Bonne, au théâtre;

Voltaire recevant Mirabeau aux Champs-Élysées, pendant qu'un prêtre brûle dans l'enfer;

Voltaire conduit par le génie de l'Immortalité au temple de la Gloire.

Chaque classe de citoyens ayant ressenti tellement la gloire de Voltaire, qu'une estampe représente Voltaire couronné par *Arlequin!*

La salle à manger de M. Nicolardot était consacrée aux scènes plus intimes. On y remarquait le *déjeuné* de Ferney, dessiné par Denon en 1775; Voltaire au lit fait son repas du matin servi par la grosse madame Denis.

Une autre estampe représente la visite de mademoiselle Clairon à Ferney : tous deux, actrice et philosophe, se mettent à genoux, l'un devant l'autre.

Des dessins bizarres à l'eau-forte montrent « le vieux malade de *Fernex* tel qu'on l'a vu en septembre 1777. »

Des paysagistes enthousiastes ont pris des vues de *Fernex* au levant et au couchant; mais le paysage est toujours sacrifié au bonhomme Voltaire.

Le cabinet de travail de M. Nicolardot contenait tous les portraits de Voltaire, d'après La Tour, Largillière, Carmontelle, Gravelot, Moreau, Saint-Aubin, etc. On y admirait le grand homme en romain, en robe de chambre à fourrures, avec une lyre, une couronne d'étoiles, etc.

Jamais figure ne prêta à autant de caprices. Les enthousiastes et les adversaires y trouvent matière à adoration et à railleries : ceux-ci font du masque de Voltaire une Sainte-Face, ceux-là y voient des lignes caco-démoniaques.

Les uns ont peint Voltaire « en Trissotin. »

D'autres retrouvent dans Voltaire un noble « Alvarès. »

Un dessinateur, envoyé sans doute par Fréron, l'a gravé avec la légende : « sublimé corrosif. »

Un peintre a entrevu dans Voltaire une sorte de vertueux père de famille qu'il appelle « l'honnête *Germon.* »

Il y en a qui ont cru que Voltaire était une sorcière; c'est avec un bonnet d'horrible vieille qu'ils l'ont représenté.

Certains ont saisi l'analogie du profil du sceptique avec celui d'un *oiseau.*

Des graveurs malicieux ont représenté Voltaire « patte de velours. »

Les amis de la nature, qui disent que toute chose réelle est importante à recueillir, ont laissé à la postérité le buste de Voltaire « en bonnet de nuit. »

Enfin, il est un peintre qui n'a pas reculé devant l'idée de montrer Voltaire « en *madone.* »

Faut-il parler des Voltaire en bronze, en stuc, en marbre, en biscuit, en terre cuite, des Voltaire dessinés par d'habiles couturières en points à l'aiguille, des Voltaire entrevus par l'imagination fantastique de maîtres d'écritures dans des paraphes que seuls pourraient juger Brard et Saint-Omer!

Un historien fidèle ne doit-il pas mentionner les profils de Voltaire obtenus sur des boîtes par d'ingénieux rapprochements de coquillage ! Et les Voltaire tressés en paille de couleur ! Et les Voltaire sculptés sur cocos dans leurs moments de loisir par les sculpteurs de l'école des beaux-arts du bagne !

Au-dessus du lit de M. Nicolardot fut accroché le fameux *Credo* de Voltaire. Les invités qui prisent trouvaient sous leur main une tabatière où est gravé l'almanach de Voltaire ; inutile de définir la forme du fauteuil que M. Nicolardot offrait à ses visiteurs ?

Le profil des collectionneurs est rarement sans lignes intéressantes. Un honnête bourgeois qui, sur la fin d'une carrière paisible, sent monter à son cerveau des fumées martiales et se met à la piste des différents modèles de boutons d'habits militaires, ce bourgeois, à la physionomie sans expression, prend quelque solennité. Il sent qu'il n'a pas été jeté sur terre sans but ; l'importance historique de sa collection imprime une dignité particulière à tout son être. Ce bourgeois, devenu utilitaire, se dit qu'il ne mourra pas sans léguer à la postérité un monument.

Je regardais attentivement M. Nicolardot, petit rentier, pieux et pratiquant, à qui la société de Saint-

Vincent-de-Paul n'a pas donné de caractère physionomique particulier : un petit nez sans finesse, des yeux sans flamme, une bouche commune, un teint coloré qui ne témoigne pas des agitations de l'esprit. La figure d'un employé, pour tout dire.

Pendant un certain temps je perdis l'homme de vue. Je le rencontrai pourtant à la salle Sylvestre, un soir qu'on mettait en vente des estampes relatives au xviiiᵉ siècle ; je n'aurais pas reconnu le collectionneur s'il ne fût venu à moi.

Sa personne tout entière avait subi un certain amaigrissement ; la figure s'était allongée, et les riches couleurs de jadis faisaient place aujourd'hui à des traînées bilieuses que l'étude seule pouvait expliquer.

— Ma collection s'augmente, me dit-il.

Nécessairement il m'invita à venir la voir. Pour qui s'augmenteraient les collections si la vanité des propriétaires ne cherchait à raccrocher des visiteurs ?

Je promis à M. Nicolardot d'aller lui rendre visite ; toutefois les agitations de la vie parisienne firent que j'oubliai ma promesse.

Un an plus tard je retrouvai mon homme sur le

quai, mais combien différent de lui-même! Appuyé sur une longue canne, feuilletant les cartons des étalagistes des quais, il me reprocha d'avoir manqué à ma promesse.

— Que ce pauvre M. Nicolardot est vieilli! pensai-je en le quittant.

Et je me livrais à mille réflexions sur le danger des collections qui enlèvent un homme à la société, lui communiquent une vie factice et le détachent trop vivement des choses terrestres.

Pourtant, par acquit de conscience, j'allai à quelque temps de là rendre visite au collectionneur. Ce fut alors que la vérité s'offrit à mes yeux.

Lavater a donné la variété de lignes qui sépare la grenouille de l'Apollon.

M. Nicolardot avait passé par d'aussi singulières transformations.

Combien il est dangereux de vivre entouré de certaines images, et quelles singulières réactions morales peuvent influencer le physique!

L'ennemi de Voltaire (cruel châtiment) était devenu Voltaire lui-même!

Peu à peu l'honnête rentier s'était affublé de l'enveloppe du sceptique.

Toutes les parties grossières de son esprit s'étaient

fondues aux rayons du soleil voltairien comme aussi les parties animales du corps et de la figure.

Le nez mesquin de M. Nicolardot s'était prolongé lentement, poussé par les efforts d'une nouvelle intelligence. Ses yeux sans flamme lançaient des éclairs voltairiens; sa bouche vulgaire, rentrant petit à petit, avait rejeté en avant un menton questionneur.

Et le pauvre homme ne se doutait pas de sa métamorphose.

— Quelle leçon pour les contempteurs de grands hommes! me dis-je en pensant à cette mystérieuse transformation qui lentement, jour à jour, comme une taupe, avait creusé son trou dans l'âme d'un être vulgaire, et avait sillonné de rides une face recouverte de chairs rebondies. La nature aurait-elle ses heures de bouffonneries? Grotesque caprice que de pétrir les substances molles d'une physionomie vulgaire pour leur donner les arêtes d'un casse-noisette voltairien!

M. Nicolardot n'avait pas abdiqué ses croyances. Il était victime, sans le savoir, d'infiltrations que peut-être, du fond de sa tombe, le sarcastique Voltaire avait combinées d'accord avec le démon.

Comme le collectionneur était entouré perpétuellement d'images de Voltaire, et que toutes ses idées se rattachaient à *l'ennemi*, il ne prit pas garde aux reflets de son miroir, bien éloigné de croire que lui, Nicolardot, adversaire juré du philosophe, pouvait s'être assimilé ses traits.

Et insoucieusement il se promenait dans Paris, ne voyant pas que les passants lui jetaient des regards de côté.

Le châtiment fut terrible !

Un soir que l'homme « bien pensant » entrait dans un des caveaux de Saint-Sulpice où se tiennent des conférences religieuses, le donneur d'eau bénite retira brusquement son goupillon en murmurant : Voltaire !

De vieilles dévotes pâlirent à la vue du collectionneur et chuchottèrent : Voltaire !

Des amis qui d'habitude recevaient M. Nicolardot avec d'affectueuses et cordiales poignées de mains, tournèrent brusquement le dos.

Le suisse lui donna un coup de sa hallebarde en murmurant : Voltaire !

Le prêtre avec lequel M. Nicolardot était dans les meilleurs termes, prit Voltaire pour sujet de son discours ; et à chaque fois que le nom du philosophe revenait, de sa chaire l'orateur lançait à l'infortuné collectionneur des éclairs de mépris et de haine.

Alors une vision s'empara de l'esprit de M. Nicolardot.

Chacun s'écartait de lui en criant : *Vade retro Voltaire!*

Et les voûtes sonores des caveaux retentissaient de ce nom satanique ;

Et toute l'assistance se ruait sur le pauvre homme, et le chassait de l'église ;

Et il se trouvait sur la place Saint-Sulpice, grelottant, par une raffale de neige ;

Et l'irritation causée par cette aventure faisait que le collectionneur se sentait pris de colères semblables à celles de son adversaire, quand il était piqué par quelque Fréron ;

Et tout transi, M. Nicolardot grimpait ses escaliers, aspirant après le bon feu qu'avait préparé, en l'attendant, sa vieille Marguerite ;

Et il arrivait qu'en ouvrant la porte, la vieille Marguerite, voyant en chair et en os, la représentation animée des images de Voltaire qui emplissaient l'appartement, faisait le signe de la croix, sautait sur son balai, chassait, sans le reconnaître, M. Nicolardot qui, meurtri, roulant de marche en marche dans l'escalier, reconnaissait trop tard les dangers d'une fréquentation trop prolongée avec le sceptique, et le lendemain vendait ses collections, pour aller loin de Paris, dans un village, où jamais n'a pénétré le nom de Voltaire.

VI

LE COMMISSAIRE-PRISEUR

CHAPITRE VI

LE COMMISSAIRE PRISEUR

Avant de continuer cette série de portraits d'amateurs, il est bon d'introduire ceux qui leur servent de complices, en tête desquels marche le commissaire-priseur.

On reconnaît que le commissaire-priseur appartient à la classe des officiers ministériels par son absence de moustaches, la coupe de ses favoris et le vêtement noir traditionnel. A son allure dans la rue, chacun se dit que cet homme possède *une charge;* cette charge lui donne un droit à un sceptre qu'ont dû ambitionner plus d'une fois avoués et notaires.

Le marteau d'ivoire à manche d'ébène qui ouvre l'enchère, la presse, la ralentit, la force et l'impose, est un précieux talisman que les auteurs dramatiques ont eu tort de négliger jusqu'ici, comme pivot d'une féerie bourgeoise.

Sans marteau, le commissaire-priseur redevient un simple mortel; à peine il frétille dans ses doigts que sa physionomie se transfigure.

Debout sur la tribune, le commissaire-priseur rappelle le président des anciennes assemblées délibérantes, et souvent, assis au pied de cette tribune, M. Thiers, habitué fidèle de l'hôtel Drouot, oubliant la vente, a dû se croire reporté aux brillantes joûtes parlementaires d'avant 1848.

Vraiment j'éprouve un certain respect pour cet autocrate dont le marteau décide si tel objet sera coté vingt sous ou mille francs, s'il appartiendra à moi ou à mon voisin, s'il retombera dans les griffes d'un *panailleux*[1] ou du prince Soltikoff, si la France ou l'Angleterre en jouira.

Il n'est personne qui ne se soit intéressé aux

---

1. Il est nécessaire de préciser le sens du mot *panailleux*, qu'ajoutera sans doute mon savant ami, Lorédan Larchey, dans son dictionnaire des *Excentricités de la langue française*. *Panailleux* vient de *pana*, qui, du glossaire du quartier Bréda, est entré dans l'argot du bric-à-brac. *Vieux pana* se dit d'un homme avare, laid et âgé, qui s'en laisse difficilement compter par les filles. *Panas* figure dans le Dictionnaire de la curiosité à titre de tesssons, de loques, de débris de toute sorte, et ceux qui les vendent sont dits *panailleux*.

évolutions cabalistiques de la baguette de la fée qui, jadis, aux Funambules, décidait de la réussite des amours d'Arlequin et de Colombine.

Grâce à son marteau, le commisseur-priseur jouit de priviléges presque aussi étendus.

Le marteau a fait la ruine de beaucoup d'amateurs, la fortune de quelques autres.

Ce *rêveur*, qui croyait avoir dans son cabinet des toiles de premier ordre, a été tiré de ses rêves par le *tac* sourd du marteau, adjugeant à une moyenne de vingt-cinq francs tous les tableaux d'une galerie dont le possesseur demandait des millions.

Suspendu dans l'air, le marteau a certainement développé plus d'une hypertrophie du cœur chez les natures trop impressionnables.

Le marteau est plein de caprices suivant la main qui le guide. Je frémis en le voyant diriger par Mᵉ Pillet, qui fait passer tous ses nerfs dans la vente et qui agite si frénétiquement son sceptre qu'on pourrait l'appeler le marteau de Damoclès.

Le public est tranquille quand Mᵉ Delbergue-Cormont s'en sert. La vente plus calme, se fait *bourgeoisement*, suivant un mot de marchand. Ce sont des enchères « à la papa. » Tout s'y passe à la douce.

Le marteau de Mᵉ Boussaton a les inquiétudes et

les soucis de l'école moderne. Il hésite avant de frapper le coup décisif qui permettra au paysagiste, grâce au succès des enchères, d'aller planter son parapluie sous les vieux chênes de Fontainebleau.

Le marteau de Mᵉ Escribe a décidé du sort de grandes victoires au Tattersall : c'est un marteau pour les chevaux. Sa suprême importance est constatée aux Champs-Élysées par l'aristocratie du turf et du sport.

Tels sont les glorieux bâtons de commandement des maréchaux du bataillon des quatre-vingts commissaires-priseurs.

Il n'est pas de jour au Palais où un avocat célèbre ne glisse dans sa péroraison quelques mots sur sa toge :

« — Cette robe qui... »

« — Cette robe que... »

« — Cette robe dont... »

« — Cette robe avec laquelle... » etc.

Les commissaires-priseurs parlent du marteau d'ivoire avec la même complaisance que les avocats de leur toge.

J'ai vu dans le boudoir de la veuve du fameux commissaire-priseur, Mᵉ ***, son marteau sous globe avec un ingénieux ajustement de feuilles de laurier.

Le même attribut se retrouve sculpté sur les quatre faces du monument funéraire de l'officier ministériel, au cimetière du Père-Lachaise. Au-dessous du buste sont gravés, à la mémoire du défunt, quelques vers dans lesquels le poëte a su, malgré la difficulté, faire entrer le marteau d'ivoire.

Le fait me frappa quoique je m'occupe rarement de poésie. Si ma mémoire est fidèle, épouse *bien chère* rime avec *enchère,* et le quatrain se termine ainsi :

> Il est éteint, ce marteau d'ivoire,
> Je voudrais bien n'y pas croire.

Une telle épitaphe, jointe au monument du boudoir, montre assez combien les veuves de commissaires-priseurs reconnaissent la portée d'un talisman qui, ayant été manié par des doigts subtils, a conservé des traces presque vivantes du défunt.

Le caractère de l'homme apparaît toujours par quelque point, et sa puissance de transformation sur tout ce qui l'entoure est si grande, que j'ai pu avancer quelque part, sans trop de paradoxe, que le chat d'un pharmacien n'avait rien de commun avec le chat d'un pâtissier.

J'ai donc regardé attentivement les marteaux de chaque commissaire-priseur. Il y en a de lourds, de frêles, de trapus, de souples, d'élégants et de positifs. Le manche des uns, allongé comme celui d'un fouet, forme des courbes qui, par l'élasticité du bois, retombent avec un coup sec. D'autres ne sont guère plus longs que la main, solides mais sans grâce. Certains, terminés par un petit baril de buis, jurent par leur rusticité avec la moderne et élégante combinaison d'ébène et d'ivoire.

Le marteau est un sixième doigt ajouté à la main droite du commissaire-priseur, et feu le capitaine d'Arpentigny, de regrettable mémoire, n'eût pas hésité à classer ce doigt de bois dans sa famille des mains *spatulées* (mains artistiques).

Je recommande à l'enchérisseur novice de faire tout d'abord attention à la forme du marteau qui décidera des enchères de la journée. Le commissaire-priseur peut cacher *son jeu* sous un masque impénétrable; le marteau donne la clef de son caractère.

Marteau court : marteau positif et rationaliste, ne laisse pas traîner l'enchère.

Marteau élancé et souple : marteau dangereux, ondoyant et perfide comme la femme.

Marteau d'ivoire et d'ébène : marteau à l'affût des élégances de la civilisation.

Marteau de buis : gothique instrument qui semble provenir de l'héritage d'un tabellion. Ce n'est pas au commissaire-priseur à qui appartient ce marteau primitif que mademoiselle Cora Pearl confiera la vente de ses diamants.

VII

LE CRAPAUD DE LA COMPAGNIE DES INDES

CHAPITRE VII

LE CRAPAUD DE LA COMPAGNIE DES INDES

N'est pas commissaire-priseur qui veut; il faut, avec un capital d'au moins cent cinquante mille francs, une poitrine solide et des poumons capables de résister à l'air vicié de la foule entassée.

Le Napoléon de l'enchère, maître Pillet, commence quelquefois une vente de tableaux à deux heures, la mène jusqu'à six, dîne en une heure, et arrive frais et dispos pour diriger, le soir, la vente d'une importante bibliothèque. Quel système nerveux robuste ne faut-il pas pour résister à l'entraînement des enchérisseurs! Et quelle tension du regard!

Suivre pendant sept heures les clignements d'yeux, les grattements d'oreilles, les boutons d'habits tirés, les gestes imperceptibles de maniaques mystérieux qui croient n'être pas connus; entraîner un public mou; le secouer; faire passer les intérêts du vendeur dans des porte-monnaie hésitants; parler sans cesse et toujours; répéter un million de fois : « *Messieurs, je vais adjuger!* » tendre le bras en l'air, et au bout le magique marteau; conduire cette foule comme seul Richard Wagner sait conduire ses musiciens; parler des livres en bibliomane, des peintures en tableaumane; donner, suivant chaque vente, un échantillon de connaissances encyclopédiques dans l'art du bric-à-brac; veiller à ce que les moindres détails matériels de la vente soient rigoureusement consignés par le clerc; marcher de concert avec l'expert; diriger le crieur; secouer la lourdeur des garçons de salle, et bien d'autres détails encore.

Étonnez-vous que la corporation des commissaires-priseurs veuille consacrer la mémoire de ses membres illustres par la conservation dans un musée (qui sera ouvert prochainement) du marteau d'ivoire vibrant encore quand l'officier ministériel n'est plus que poussière.

Il est de braves gens qui, entrant à la salle des ventes, mettent une enchère *pour tuer le temps*, et ne s'imaginent pas que, par ce fait, ils ont vendu leur âme au commissaire-priseur. L'enchère est relevée;

ces honnêtes bourgeois ne veulent plus ferrailler; mais le commissaire-priseur est un magnétiseur sans pitié qui, ayant jeté les yeux sur un *sujet*, abuse de sa faiblesse. Pourquoi avoir écouté la sirène?

Je suppose qu'un crapaud chinois soit mis sur table quand vous entrez. L'expert a demandé deux cents francs du crapaud de porcelaine, et finalement, comme il ne trouve pas d'amateur, le crapaud est offert à vingt francs.

Vous avez le malheur de faire un signe relatif aux vingt francs. Le commissaire-priseur prend une enchère quelconque.

— Trente, quarante, soixante, soixante-dix.

Il regarde à gauche :

— Quatre-vingts francs.

Il vous regarde :

— Quatre-vingt-dix francs.

C'est une course au clocher. Le commissaire-priseur franchit fossés et fondrières, escamote les francs; il brûle la vente. Vous espériez aller petit train, ne lâcher que cinquante centimes à la fois; le commissaire-priseur met ordre à cette prudence. Vous voilà entraîné dans le tourbillon des enchères de dix francs.

Le crapaud est arrivé rapidement à cent cinquante francs.

L'enchère de *cent cinquante francs* ne sort pas de votre gosier; elle appartient à un inconnu, *à gauche*, que vous ne pouvez voir, par la raison qu'il n'existe pas. Cet inconnu est l'éperon avec lequel le commissaire-priseur laboure votre modération. Vous n'avez pas baissé la tête; par hasard votre regard se rencontre avec celui du commissaire-priseur.

— Deux cents francs! s'écrie-t-il en vous donnant l'enchère comme on se donne le goupillon à l'église.

Vous commencez à pâlir. Vous avez la lâcheté de tenir à deux cents francs. Vous n'avez pas fait de signe, vous n'aviez pas l'intention de mettre deux cents francs à ce crapaud chinois; vous voudriez vous débattre, crier : *Je n'ai pas mis*.

Une fausse honte vous retient et vous empêche de vous donner en spectacle. Vous passeriez auprès de tout ce monde pour un misérable qui n'a pas la bagatelle de deux cents francs à jeter dans la gueule du crapaud dont les gros yeux vous magnétisent. Vous espérez encore que cette enchère appartient à un de vos voisins ; mais le commissaire-priseur vous regarde! Le fluide court de lui à vous. Cet homme en habit noir vous domine du haut de sa tribune; il veut que le crapaud vous appartienne.

— Deux cents francs, c'est en face! s'écrie-t-il en vous regardant fixement.

— Messieurs, un joli crapaud, dit l'expert.

— Que diable ferai-je de ce crapaud? pensez-vous.

Mentalement vous faites des vœux pour l'arrivée dans la salle d'un malheureux pigeon qui soit déplumé par le crapaud.

— A deux cents francs le crapaud, répète le commissaire-priseur, qui commence à dessiner de sinistres arabesques avec son marteau fatidique.

— Une fois, deux fois, à deux cents francs!

— Deux cent dix, dit l'expert à un de vos voisins qui a tiré un mouchoir de sa poche!

— Non, non! s'écrie vivement le voisin, je n'ai rien dit... On ne peut donc plus se moucher ici! Merci, un crapaud de deux cents francs, je t'en souhaite...

Des gouttes de sueur perlent votre front : vous comprenez dans quel guêpier vous êtes tombé. Et ce damné commissaire-priseur qui prolonge un supplice long comme l'éternité!

— Personne ne veut plus du crapaud ? demande le crieur.

— A trois cents francs ! répond le commissaire-priseur.

Vous respirez. Un être bizarre a mis cent francs sur votre enchère.

— Pardon, monsieur, dit l'expert au commissaire-priseur, nous n'en sommes qu'à deux cents francs.

— C'est juste ; c'est à *monsieur* (il vous regarde en face). Personne ne dit mot ? Une fois, deux fois, trois fois...

Le sinistre marteau est en l'air.

— Vous regretterez cette pièce, messieurs, dit le commissaire-priseur qui, en adjugeant le crapaud, cherche à mettre du baume sur votre plaie.

Le marteau retombe avec un coup sourd sur le casimir du bureau.

— Toisé ! dit derrière vous un marchand goguenard.

Hors de vous, le sang à la figure, la bouche sèche, les nerfs à l'envers, les oreilles pleines du bourdonnement des enchères, vous fendez la foule après avoir payé et pris livraison du crapaud. Coudoyant les uns, marchant sur le pied des autres, vous recueillez les propos suivants :

— Il n'est pas donné le crapaud !

— C'est un vide-poches de pacotille de la Compagnie des Indes.

— Ça se paie vingt francs à Canton.

— Il y a des gens qui ne savent que faire de leur argent.

— Ça apprendra aux bourgeois à venir se faire frotter à l'hôtel.

Si vous étiez resté impassible à votre place, personne n'eût soufflé mot; vous eussiez peut-être recueilli quelques compliments de condoléance de la part de vos voisins. On eût fait l'éloge de *votre* crapaud ; mais l'émotion se trahit sur votre physionomie. Vous avez été empoigné par l'enchère, *refait* par le commissaire-priseur; le combat intérieur, la honte qui se lisent clairement dans vos yeux, vous forcent à fuir le champ de bataille. Les panailleux vous insultent.

En sortant, vous regardez la porcelaine, et vous vous dites : Quelle folie ! Il vous prend l'idée de casser la tête du crapaud contre les murs. La nuit vous rêvez crapaud.

Huit jours après vous lisez dans la chronique de la *Gazette des Beaux-Arts :* « Un crapaud d'une faible qualité, sans marques, a été adjugé pour la somme de deux cents francs, à une des dernières ventes de l'hôtel Drouot. Nous avions cru que ce crapaud portait la marque de la dynastie des Ki-o-Li ; il n'en est rien. Qui peut faire comprendre cette fantaisie ruineuse? Nous devenons plus Chinois que les Chinois. »

Abreuvé de sarcasmes par une Revue à laquelle vous êtes abonné, vous jurez de ne plus ouvrir que des journaux politiques ; mais que lisez-vous à la troisième page du *Siècle?* Un article *Variétés* du savant critique Polydore Perroquet, qui termine un article Beaux-Arts par une période éloquente : « Cet amateur insensé, qui a acheté deux cents francs un batracien aux formes repoussantes, ne connaît donc pas de prolétaires sans ouvrage? Avec la somme consacrée à l'acquisition de cet animal venimeux, on eût nourri vingt familles dans la misère. » Et le savant critique Polydore Perroquet ajoute : « Il faut désespérer de l'humanité quand un crapaud, etc., etc. »

VIII

LE COMMISSAIRE-PRISEUR PINCÉ

CHAPITRE VIII

LE COMMISSAIRE-PRISEUR PINCÉ

Depuis dix ans, la recherche des objets d'art, la vulgarisation et la connaissance de la peinture, un sentiment artistique devenu plus général ont doublé le prix des charges des commissaires-priseurs. L'hôtel Drouot étant devenu une sorte de Bourse artistique, les belles céramiques, les toiles de maîtres, les meubles précieux sont considérés comme des actions négociables, soumises à toutes sortes de fluctuations [1].

A cette passion nouvelle, les commissaires-priseurs ont encaissé d'énormes recettes. En 1860 ou 1861, la compagnie faisait pour plus de vingt mil-

---

[1]. Je ne désespère pas de voir un jour dans les journaux un bulletin spécial, qui contiendra la hausse ou la baisse des œuvres d'art.

lions d'affaires dans l'année. Or, les droits sur les ventes sont assez considérables pour que les deux tiers des commissaires-priseurs, quoique sans clientèle, touchent à la bourse commune une part qui vaut le meilleur des placements.

La *bourse commune* indique qu'il y a association entre les membres de la corporation. J'ai nommé les maréchaux qui commandent à l'hôtel ; sur leurs remises, la corporation retient un droit de tant pour cent, qui se répartit entre chacun des membres à la fin de l'année, de telle sorte que toute charge de commissaire-priseur devient une poule aux œufs d'or.

Ce sont les vendeurs et les acheteurs qui font la fortune d'une corporation non sans rapports avec l'administration des pompes funèbres. Toute collection arrive à l'hôtel Drouot par le canal de la saisie ou de la mort !

Un amateur pousse sur le terrain où vient d'être enterré un autre amateur ; une collection se dresse sur les ruines d'une autre collection. Impassible, le commissaire-priseur assiste à la désorganisation et à la naissance de cette réunion d'objets artistiques qui ont tenu tant de place dans la vie de leurs possesseurs. Aussi sous l'habit noir de l'officier ministériel retrouve-t-on quelques analogies avec la Mort qui met en branle la fameuse danse des rois et des empereurs, des bourgeoises et des courtisanes, des artistes et des gueux. En ai-je vu passer des collections de princes et de barons, de coulissiers, qui toutes allaient se fondre au grand creuset de l'hôtel Drouot, sous la direction du bâton d'ivoire, non sans analogies avec la faux macabre !

Seul au milieu de cette foule d'acheteurs, le commissaire-priseur ne court aucun risque. Il vend, et toujours la vente amène des bénéfices certains. Cependant circule à l'Hôtel une légende qui trouve sa place naturellement ici.

Un particulier se présente dans le cabinet d'un commissaire-priseur et lui tient à peu près ce langage :

— Monsieur, je désirerais me défaire d'un admirable Raphaël, dont j'ai déjà refusé cent mille francs ; un pressant besoin d'argent me force de le laisser aujourd'hui à ce chiffre.

— Allons voir le Raphaël, répond non sans scepticisme le commissaire-priseur, certain d'avoir affaire à un *rêveur*, tous les rêveurs possédant un Raphaël, du prix invariable de cent mille francs.

Le Raphaël qu'expertise le commissaire-priseur

est une médiocrité, quelque copie ancienne, dont l'enchère ne peut être présagée. Un amateur naïf, de ceux qui se laissent prendre aux grands noms, peut le couvrir d'enchères exorbitantes, comme aussi il se peut que le tableau reste sur table, exposé aux huées des marchands.

Le commissaire-priseur fait part de ses doutes au vendeur qui, plein d'enthousiasme, ne se laisse pas démonter par de froides raisons; il subira les chances de la vente, persuadé que la France ne se laissera pas enlever par l'étranger une si précieuse toile.

La vente est annoncée. Tout se passe comme pour un enterrement de première classe : catalogue somptueusement imprimé par Claye, avec généalogie fantastique du tableau; annonces dans les journaux; deux jours d'exposition particulière, un troisième réservé au public; tentures de damas rouge accrochées à la porte de la salle numéro 4.

Les tentures de l'hôtel Drouot sont aux tableaux ce que les panaches et harnachements argentés des chevaux des pompes funèbres sont aux enterrements des maréchaux de France.

L'exposition du Raphaël attire la foule des badauds habituels. Dans le long corridor du premier étage, qui est l'endroit où les connaisseurs se réunissent, comme les amateurs de théâtre au foyer, les jours de première représentation, on discute et on ergote sur la vente.

Raphaël est enfermé dans un sarcophage de bois noir ; de petits rideaux violets, qui protègent la précieuse peinture, s'ouvrent pour les profanes seulement pendant les trois jours d'exposition.

Mis sur table à vingt-cinq mille francs, le Raphaël est ramené par une foule ignorante à cinq cent francs.

Il y a marchand à cinq cent francs !

Cachant son scepticisme sous un masque froid de notaire, le commissaire-priseur chuchotte quelques plaisanteries à l'oreille des gros bonnets de la tableaumanie, assis derrière son bureau.

Cependant deux adversaires se dessinent. Le Raphaël monte à dix mille francs et les enchères semblent s'arrêter, quand arrive tout à coup un étranger essoufflé qui, jouant des coudes, demandant pardon aux uns, brusquant les autres, lance une enchère de vingt-cinq mille francs.

Le commissaire-priseur reprend feu avec la croyance. A cinquante mille francs, il ne doute plus qu'il n'ait affaire à un véritable Raphaël. Qui sait si le tableau ne dépassera pas le prix que demande le vendeur ! Cinq pour cent sur cent cinquante mille francs ne sont pas à dédaigner.

— Singulière vacation ! pense le commissaire-priseur, qui se ramasse pour ainsi dire, et illuminé tout à coup, essaie de faire partager ses convictions à la foule.

Le tableau a dépassé soixante mille francs.

— Messieurs, dit l'expert, qui lui non plus ne croyait pas au Raphaël, *ce tableau est de la meilleure manière du Sanzio.*

— A soixante-cinq mille francs, reprend le commissaire-priseur.

— Soixante-cinq mille francs, répète le crieur.

— Très-rares, messieurs, les Raphaël ! s'écrie le commissaire-priseur. Très-rares.... Soixante-cinq mille francs !

En présence d'un tel chiffre, les trois enchérisseurs deviennent le point de mire de tous les yeux.

On entend circuler les noms de lord Hertford, du comte de Nieuwerkerque, de M. de Rotschild.

Les uns disent que l'administration du Louvre a donné commission ; d'autres engagent des paris pour l'Angleterre contre la Russie ; mais les agents mystérieux des trois puissances se tiennent froidement et ne s'inquiètent pas des exclamations de la foule qui les entoure.

A quatre-vingt mille francs, l'enchère rebondit comme une balle de gomme.

— Messieurs, regardez la figure de la Vierge, *elle est vraiment suave!* s'écrie le commissaire-priseur.

Cette courte allocution conduit à quatre-vingt-dix mille francs.

L'émotion est au comble dans l'assistance. Les trois étrangers échangent des regards froids mais hostiles ; ils sont armés chacun d'un revolver invisible qui n'en est pas moins effrayant.

— Quatre-vingt-treize mille francs, dit le crieur.

— Quatre-vingt-treize mille francs, reprend le commissaire-priseur.

— Quatre-vingt-treize mille francs, répète l'expert.

— Messieurs, dit d'une voix émue le commissaire-priseur, nous n'en resterons pas à ce chiffre fatal; il serait fâcheux de s'arrêter à quatre-vingt-treize.

Le mot est accueilli par un murmure de satisfaction des amateurs de tableaux, peu révolutionnaires de leur nature.

— Je vous en prie, messieurs, sortons de quatre-vingt-treize.

— Personne ne dit mot! s'écrie lamentablement l'expert.

— Par égard pour la mémoire de Raphaël, reprend le commissaire-priseur, *n'associons pas sa mémoire au souvenir d'une époque ensanglantée.*

Toute l'assemblée semble supplier les étrangers de ne pas s'entêter au chiffre 93, ne dussent-ils ajouter que cinquante centimes.

— Quatre-vingt-quatorze mille, acclame le crieur.

— Ah!... est le cri qui s'échappe de toutes les poitrines.

— Merci, messieurs, merci! s'écrie le commissaire-priseur, délivré du chiffre fatal.

A quatre-vingt-dix-huit mille francs, le Raphaël tombe dans une ornière dont rien ne peut le tirer, ni le marteau d'ivoire, ni les prières, ni les conseils, ni les éloges, ni les *hu* et les *dia* du crieur.

— Le mot, messieurs, le mot! reprend le comsaire-priseur.

Demander *le mot*, c'est parfaire l'enchère pour la couler dans un moule régulier ; en ce moment *le mot* c'est cent mille francs, comme vingt francs est *le mot* de dix-neuf francs cinquante.

Pendant cinq minutes le commissaire-priseur

cherche *le mot* dans les yeux des trois enchérisseurs ; ne l'y trouvant pas :

— Je vais adjuger, messieurs, dit-il en pleurant lui-même sur sa propre sentence.

Le marteau d'ivoire décrit en l'air des manœuvres comme celles d'un tambour-major ; mais les étrangers ne paraissent plus vouloir monter à l'assaut. L'un baisse la tête mélancoliquement comme un esclave suivant le char d'un triomphateur ; le second, pourpre, semble sur le chemin d'une attaque d'apoplexie ; le troisième, à qui appartient l'enchère, est froid, pâle et dédaigneux.

— Tac ! fait le marteau.

— *C'est donné*, s'écrie piteusement le commissaire-priseur, qui avait cru arriver à cent cinquante mille francs.

Le vainqueur s'approche du bureau, ouvre un portefeuille élégant, en tire une carte armoriée et avec la carte un billet de mille francs, devant lequel s'incline le clerc.

L'étranger parti, chacun entoure le commissaire-priseur et le presse de questions pour connaître l'heureux possesseur du Raphaël. Il s'appelle lord Wighmore, et la foule se disperse en maugréant contre l'administration du Louvre qui, encore une fois, s'est laissé enlever par l'Angleterre un Raphaël *inouï*.

Le lendemain, le vendeur se présente chez le commissaire-priseur qui lui compte en espèces sonnantes la somme de l'adjudication.

— Nous aurions dû aller plus haut, dit-il, si nous n'avions eu affaire à un de ces Anglais qui savent se contenir... Si jamais, monsieur, il vous passait par les mains d'autres toiles dont vous vouliez vous défaire, je me recommande à vous.

Deux jours, quatre jours, huit jours s'écoulent, lord Wighmore n'envoie pas chercher son Raphaël.

Le commissaire-priseur inquiet dépêche un garçon à l'adresse qu'a laissée l'Anglais, 17, rue Newton.

Rue Newton, le concierge n'a jamais entendu le nom de lord Wighmore.

— Je suis pincé! s'écrie le commissaire-priseur.

C'est en effet une sorte de vol à l'américaine, tramé par quatre adroits compères, dont l'un a pris le rôle de vendeur, les deux autres celui d'enchérisseurs, et le quatrième celui d'acheteur. Coup hardi, basé sur les paiements comptants que l'officier ministériel peut exiger de l'acheteur d'après la loi, pour en rendre compte immédiatement au vendeur.

Six mois après, le Raphaël repasse en vente publique. A quatre-vingt-dix-huit mille francs, le commissaire-priseur le croyait *donné;* cette fois le divin Sanzio arrive avec peine à *trois cents francs,* et encore parce que l'acquéreur compte coller sur le derrière de la toile la fameuse histoire tirée de la *Gazette des tribunaux.*

Ces deux vacations n'ont guère coûté au commissaire-priseur moins d'une centaine de mille francs.

L'histoire est-elle vraie? Je ne la garantis pas. La véritable victime, à l'hôtel Drouot, étant l'amateur, probablement un membre de la corporation a donné carrière à son imagination en composant cette légende afin de montrer que les commissaires-priseurs, eux aussi, sont exposés à de grosses pertes.

IX

L'EXPERT

CHAPITRE IX

L'EXPERT

Le dictionnaire qualifie l'expert « *d'homme qui a acquis par l'usage la connaissance de son art.* »

Les experts de l'hôtel Drouot ne se reconnaîtraient pas dans cette qualification.

Un juif qui a débuté à l'âge de dix ans par poser chez les peintres, n'a pas précisément appris les belles manières à l'atelier; mais il a entendu parler peinture et sait à fond l'argot des rapins. Quand l'état de modèle le fatigue, il devient brocanteur de tableaux, échange des meubles, des habits, de la pommade, du cirage, contre des esquisses avec les jeunes peintres, et vend des bijoux à leurs maîtresses.

Le juif est industrieux; il y a de la marchande à la toilette dans son organisation. Petit à petit le rêve de cet homme qui a fréquenté les ventes, est de faire graver *expert* sur ses cartes [1].

En relation avec de nombreux marchands, le juif débute par l'expertise des ventes *de report*, c'est-à-dire d'objets qui encombrent les magasins, ne trouvent pas d'acheteurs, et doivent être écoulés à tout prix.

Les ventes de report se reconnaissent à un mélange de meubles neufs et anciens, fripés et fanés, singulier assemblage d'objets qui ne peuvent sortir de la même boutique ; en effet, plusieurs marchands se sont entendus pour faire une seule vacation des défroques qui gênent leurs magasins.

Tendez l'oreille dans une de ces ventes douteuses où vous aurez revu tel tableau qui il y a huit jours passait déjà dans une salle voisine, c'est un indice précieux. Si vous entendez dire par un voisin en parlant du tableau mis sur table : « *il a son papa,* » n'achetez pas. Le tableau sera défendu à outrance par le marchand qui en est propriétaire, et si vous vous laissiez entraîner au feu des enchères, vous paieriez tous les frais qu'il a coûté, depuis qu'il

---

[1]. Tout le monde peut être expert, le premier venu. L'hôtel n'exige pas de diplôme.

roule de la salle 4 à la salle 7, du rez-de-chaussée au premier étage.

C'est par ces *reports* que débute l'expert qui, rarement s'élève aux *belles* ventes. Il lui manque avec certaines connaissances indispensables des formes polies qu'il acquiert rarement.

Plus la vente est mince, plus l'expert prend de l'importance. Il dit : *Ma* vente, se pose comme un conquérant au milieu de l'arène, et en arrive quelquefois à faire la leçon au commissaire-priseur.

Vous reconnaîtrez cette classe d'experts à la forme du nez (le nez de bouc), à la crespelure des cheveux, au teint bistré, à l'œil noir, à un certain costume frisant la mode du jour et qui sort d'une maison de confection.

Si j'étais préfet de police, j'aurais depuis longtemps chassé les juifs du temple.

Quel amour ne faut-il pas porter aux arts pour se mêler à la bande noire qui gouverne l'hôtel !

Si un homme placé entre le commissaire-priseur et le crieur pour « allumer » le public, est nécessaire, qu'on invente un titre quelconque, excepté celui d'expert.

Que penser d'un être qui n'a que deux formules à son service? Je les ai notées dans une vente d'anciens tableaux. De chacun d'eux l'expert disait :

— *Il est pur*, messieurs.

Ou :

— *C'est un vrai tableau.*

L'expert ne sortait pas de là ; toujours revenait l'incessante formule :

— *Il est pur*, messieurs.

Une première fois, la phrase passait, mais quand revenait l'éternelle manivelle : — *C'est un vrai tableau !* quoiqu'il le dît d'un ton tranquille, vous eussiez jeté l'expert par la fenêtre.

Les experts ont divers masques ; mais surtout règne le masque sacerdotal, car l'expert se juge infaillible et croit exercer un sacerdoce.

On reconnaît l'expert allemand à ses cheveux d'albinos et à son teint coloré ; il est juif nécessairement et se plaît dans le maniement des objets d'or et des bijoux anciens. A la façon dont il les touche, on décidera de sa juiverie.

Il existe des experts sceptiques qui tuent d'un coup d'œil satirique chaque tableau qu'ils accablent d'éloges. C'est une sorte d'expert de la classe des *cabotins* qui ne se plaisent en scène qu'à des *balançoires*. Cet expert semble dire au public : — Surtout, sachez bien que mes paroles ne sont pas sérieuses ; il n'y a pas un de ces tableaux que je mets sur table qui vaille tripette.

Un autre expert a la manie d'écrire sur la peinture. Chacun de ses catalogues est précédé d'une préface où il tient pour l'art, le grand art. S'il se prononce sévèrement contre le goût du jour, c'est qu'il ne vend que d'anciens tableaux.

Certain expert mélancolique méprise tellement les ignorants qu'il daigne à peine annoncer les objets de la vente.

Un autre, dégoûté du métier, me disait :

— Je vais me lancer dans les terrains ; on est trop obligé de mentir à l'hôtel.

L'expert qui décrit les estampes vaut lui-même la peine d'être décrit. Assis à une petite table, enlevant chaque gravure de sa chemise, il la regarde encore une fois avant de la mettre sous les yeux du public, et lit avec emphase tout ce qu'il a imprimé sur son catalogue.

— Messieurs, nous allons vous vendre le numéro 9, l'*Heureux hasard de l'Escarpolette*, par Beaudouin, pièce gravée par Ingouf junior avec l'adresse de la veuve Chéreau, à l'enseigne du Coq-d'Or... Toute marge... Cinquième état d'une gravure, avant d'intéressantes retouches sur le mollet de la femme.

A la manière dont il débite le catalogue, on voit que cet expert se complaît dans sa rédaction. Tout pour lui est important, même le numéro 9. Et le nom de Beaudouin le peintre ! L'expert certainement se croit Beaudouin. Et le nom du graveur Ingouf junior ! L'expert devient le graveur. Puis il passe dans le corps de la veuve Chéreau. La veuve Chéreau demeurait au Coq-d'Or; l'expert est persuadé qu'il loge à cette enseigne. Les retouches *intéressantes* sur le mollet de la femme, c'est lui, l'expert, alors qu'il était la veuve Chéreau, qui les a indiquées à Ingouf junior.

— Une jolie pièce, s'écrie l'expert, le crayon dans les dents, en attendant qu'il pointe sur son catalogue le prix de l'enchère.

Ne vous fiez pas au mot *joli*. Tout est joli pour l'expert, qui, une fois en possession d'un mot, ne le lâche plus.

C'est le même qui, annonçant diverses estampes relatives à l'invention de la guillotine :

— Un *joli* lot, messieurs, disait-il.

La complaisance qu'apporte cet expert à s'écouter, sa lecture fastidieuse d'un long catalogue niaisement rédigé, la certitude qu'il apporte dans l'accomplissement de son *important ministère*, seraient capables de faire fuir l'amateur le plus intrépide. J'ai entendu un jour cet animal lire, à propos d'une médiocre estampe, le récit tout entier d'une bataille de l'empire, par la raison qu'il avait jugé bon de joindre à son catalogue un fragment des *Victoires et conquêtes*.

M. Thiers dut tressaillir d'aise.

X

LE CRIEUR

CHAPITRE X

LE CRIEUR

Ce n'est rien moins qu'un homme de génie qu'il faut pour remplir les fonctions de crieur.

Un crieur sans génie serait un aboyeur.

Il y a différents crieurs à l'hôtel Drouot ; chacun a sa manière.

En première ligne a longtemps marché Jean, l'homme aux tics, qui les exagérant pour surprendre son monde, trompe l'attention de l'enchérisseur par mille contorsions et en remontrerait au besoin aux meilleurs grotesques.

Jean est le Clopin Trouillefou de cette Cour des Miracles. La peau du masque et du crâne est aussi mobile que les lèvres. Les mains dans les poches, Jean semble tirer une ficelle cachée qui met en jeu les rides, le nez, les oreilles et jusqu'à deux mèches de cheveux qui s'avancent vers les yeux comme des aiguilles.

Vous le regardez. Jean vous avale.

Il faut expliquer ce phénomène. Les yeux de Jean se fixent sur vous, son nez se plisse, sa bouche s'avance comme pour saisir une proie et rentre en dedans, semblant introduire un aliment mystérieux qui met en mouvement le cou et l'estomac. Un boa qui absorbe un lapin, telle est l'image de Jean en présence du public ; seulement là où l'animal s'endort, Jean devient frénétique.

Il marche, se gratte, fait mille gestes interrogateurs, reluque une enchère, se dresse sur ses pieds, imite à la fois le bouffon Grassot et ce poëte-improvisateur qui mord ses poings une fois sur le trépied.

Jamais un commissaire-priseur ne tentera une vente de chinoiseries avec Jean pour crieur. Il ferait oublier les figures des magots et la comparaison entre Jean et les porcelaines à tête branlante ne tournerait pas à l'avantage de ces dernières.

Jean est un crieur de l'ancienne roche. Il amuse la galerie comme le pitre retient les bonnes d'enfants jusqu'à l'arrivée du tireur de cartes.

Jean tourne et vire dans la salle, Jean plaisante, Jean fait des commentaires, Jean interpelle l'assistance jusqu'à ce que le commissaire-priseur le rappelle affectueusement à l'ordre par un :

— Allons, allons, Jean.

Jean appartient à l'âge d'or où brocanteurs, fripiers, revendeurs, et panailleux étaient maîtres absolus dans les ventes publiques. Jean les divertissait par ses grimaces; mais le règne de Jean est passé. Ses quolibets et ses farces de tréteaux seraient à peine tolérables à la place de la Bastille où ont été rélégués les arracheurs de dents.

L'hôtel se policera forcément et bientôt, experts, crieurs et garçons devront se plier aux habitudes de la clientèle distinguée qui a fait du premier étage de la rue Drouot une sorte de club artistique.

Je préfère à Jean certain crieur, toujours rasé de frais, au sourire de Scapin et qui a la mine d'un habile comédien. Petit à petit il s'anime avec la vente : son regard de côté embrasse tout l'auditoire. Il lance l'enchère avec joie, la fait rebondir comme la pomme sur un tamis et se dit intérieurement :

— Ça chauffe.

Son œil étincelle. Ce crieur ne croit pas un mot de

ce qu'il dit, mais il a l'amour de son art. Aussi « parfait comédien » que l'exige le poëte Baudelaire, il pense que cet Anglais est insensé de mettre une enchère de vingt mille francs sur une aquarelle de Bonnington; mais la joie d'une bonne vacation l'emporte sur son scepticisme. Ainsi que le grand acteur qui prétendait être maître de ses effets et qui cependant pleurait réellement en scène, ce maître-renard *s'allume* lui-même au feu des enchères; le sang lui monte au visage, son front devient humide.

La vente terminée, il sait qu'il va recevoir les compliments de maître Boussaton et il est fier de la vacation de l'après-midi, comme si elle lui rapportait des droits considérables.

C'est une vocation que de crier à l'hôtel Drouot. Une erreur serait de croire que de vastes poumons et une forte voix y suffisent. Bien d'autres qualités sont nécessaaires.

Recueillir de nombreuses enchères quand les enchères n'existent pas, demande un tempérament de fourbe consommé.

Il faut échauffer un public froid qui n'a pas envie d'acheter, lui communiquer le feu sacré.

Il faut apprendre à donner la réplique au commissaire-priseur, devenir le confident de ce monarque, l'Olivier-le-Daim de ce Louis XI.

Certains commissaires-priseurs jugent les tableaux à l'aide d'une esthétique qui n'est pas tout à fait celle de Winckelmann [1].

— Messieurs, dit le commissaire-priseur, c'est un beau tableau. Remarquez la quantité de personnages.

— *Il y a beaucoup d'ouvrage*, reprend le crieur,

Ce mot est celui qui résonnera le plus vivement à l'oreille des enchérisseurs.

A de certains tableaux il faut savoir dissimuler un repeint, un accroc.

Un bon crieur vaut un écuyer qui, à cheval sur sa bête, dissimule, en la faisant caracoler, certains vices que la loi ne reconnaît point comme redhibitoires.

Le crieur doit tenir de la matrone qui promène une fille au bois et déguise les brèches faites à sa vertu.

---

[1] « Si ce tableau, disait l'un d'eux en vente publique, n'est pas d'Ommeganck, il est à coup sûr de Mademoiselle Ommeganck! »

XI

LE GARÇON

CHAPITRE XI

LE GARÇON

L'Auvergne envoie tous les ans à Paris des gaillards solides, bien bâtis, sobres, économes, ne s'inquiétant pas de la bagatelle.

On peut dire que tout Auvergnat arrivé en sabots à Paris s'en retournerait dans son pays en calèche, si l'Auvergnat avait l'amour de la calèche.

Entré dans la corporation de l'hôtel des commissaires-priseurs le plus souvent par parenté, ayant acheté une charge qu'il paiera sur ses bénéfices futurs, le garçon se commande une veste en drap bleu, à collet rouge, et une casquette aux armes de l'hôtel. Le voilà embrigadé, sa fortune est faite.

Il est lourd, pataud ; ses mains sont larges comme des assiettes, et ces pattes vont manier les produits les plus délicats des verreries vénitiennes. Jamais l'Auvergnat ne les casse ; là est l'art.

Aux ventes de tableaux, il est chargé de bouchonner les toiles enfumées. Un seau d'eau à ses pieds, une éponge à la main, il donne un coup de *fion* à la peinture cachée sous la poussière, et fait penser au cocher d'omnibus mouillant, après une longue course, le museau de ses chevaux ; mais l'Auvergnat n'est pas si niais que de se faire cocher d'omnibus. La besogne à l'hôtel Drouot est plus douce et plus lucrative. Le garçon est en relations avec les plus grands personnages ; tout de suite il est initié aux monuments les plus rares de la peinture, de la sculpture et de la céramique.

Qui le croirait ? Ce *mastoc* au collet rouge, à la bouche ouverte et niaise, quoiqu'il entende sans cesse résonner à ses oreilles les noms de Michel-Ange, de Rubens, de Luca della Robbia, ne comprend rien aux folles enchères qui se croisent autour de lui.

Mentalement vous l'appelez brute ; je voudrais bien savoir comment il traite les grands seigneurs de la finance qui mettent vingt-cinq mille francs à une médiocre terre de pipe de l'époque de Henri II.

— Quel beau domaine j'aurais à la porte d'Issoire avec cet argent! pense l'Auvergnat.

Et je suis tenté de lui donner raison.

Pour que le garçon vous témoigne du respect, donnez-lui à porter quelque lourd bahut flamand, quelque table gothique massive. Un fardeau, voilà son affaire : c'est une bête de somme. Il trouvera peut-être *l'armoire* chèrement payée ; mais *il y a du bois*. Et vous le verrez arriver à votre domicile, le front couvert de sueur, les épaules ployant sous le fardeau, l'œil serein.

A partir de ce jour, le garçon vous estime. Il aime mieux recevoir vingt sous de pourboire pour un meuble pesant quatre cents, que cinq francs pour une miniature qui lui a permis de se promener dans Paris les bras ballants.

Pourtant, le garçon ne fait pas fi du pourboire. C'est avec les pourboires de l'hôtel Drouot que l'Auvergne a pu tracer des routes dans des montagnes escarpées, cultiver un terrain rebelle, planter des vignes et rendre à l'agriculture ce coin de terre volcanique.

Le garçon de salle spécule à l'hôtel comme le commissaire-priseur, comme l'expert. Qui ne serait tenté de spéculer dans le temple de la spéculation ?

Le garçon a des amis dans le faubourg Saint-Antoine, sur la place du Marché Noir, dans la cour Damoy, habitée tout entière par des Auvergnats, là où s'exerce, pour ainsi dire, le chiffon du métal. De même que les chiffonniers du faubourg Saint-Marceau ramassent les os, les débris de papier, de robes, de vieux chapeaux, les Auvergnats de la rue de Lappe recueillent les rognures de ferrailles, de zinc et de ferblanc. Là s'opère la fonte du *vrai or* des anciens cadres, des anciens meubles, des anciennes pendules; là se démantèlent une machine à vapeur usée en même temps qu'une commode Louis XV.

Le garçon ayant des intelligences dans le huitième arrondissement, achète, quand le public est peu nombreux, au commencement et à la fin des ventes, pour faire des affaires de compte à demi avec ses *pays* du faubourg Saint-Antoine.

Quelquefois l'Auvergnat entre dans la famille d'un Parisien, mais un Parisien de l'Hôtel. Avec la dot il reçoit les instructions d'un beau-père, plus fin à lui seul que tous les Auvergnats.

En 1861, je vis affichée à la porte de l'hôtel Drouot, une maison de campagne à louer aux environs de Paris; un garçon m'offrit un prospectus de cette même maison, avec dessin lithographié en tête. Pendant que j'y jetais un coup-d'œil, l'Auvergnat me vantait avec une telle chaleur les avantages de l'immeuble, sa proximité de Paris, son importance, ses jardins, son mobilier :

— Il a une commission sur la maison, pensai-je.

— C'est à moi la propriété, me dit le garçon. Je ne vous la louerai *que* douze cents francs, à cause de la saison avancée.

On donne habituellement à l'Auvergnat, outre la course tarifée par l'hôtel, dix sous de pourboire.

En faut-il des dix sous accumulés pour bâtir une maison de campagne aux environs de Paris !

XII

LE MARCHAND

CHAPITRE XII

LE MARCHAND

Plus le goût de la curiosité s'est répandu, plus le marchand a fait de mauvaises affaires. Je plains le marchand dont l'âge d'or est passé. Il y a trente ans, ils n'étaient pas plus d'une quinzaine; on en compte aujourd'hui dix par rue. J'ai noté les adresses des vendeurs de bric-à-brac dans un carrefour qui, de la place Gaillon, communique à diverses rues. La courte rue de Port-Mahon ne donne pas asile à moins de six marchands de curiosités.

En 1820, l'almanach Bottin ne contenait pas d'article spécial pour cette classe de marchandises; il est peu d'Annuaires de petite ville qui n'inscrivent pompeusement deux marchands d'antiquités pour le moins.

Les amateurs augmentent ; mais ils vont eux-mêmes au marché, c'est-à-dire à l'hôtel Drouot. Ils ne paient pas plus cher que les marchands, finissent par acquérir *de l'œil* et n'ont aucuns motifs d'acheter dans un magasin un objet d'art, grevé de frais de patente, de location de boutique.

La grande vanité de l'amateur étant de spéculer et d'acquérir des objets d'art qui lui représentent un *bon placement*, le marchand n'a plus de raison d'être.

On a imprimé quelque part que les marchands étaient en instance pour forcer les amateurs à payer patente. Ce serait justice, quoiqu'à vrai dire les amateurs pleins d'illusions, capricieux, se dégoûtant vite de ce qu'ils ont sous les yeux, ressemblent aux joueurs à la roulette.

L'amateur fut jadis la victime des marchands ; l'historiette suivante montrera les marchands victimes d'un amateur.

Qui ne connaît le fameux M. X..., l'homme qui eut la rage de tout collectionner, et dont la bourse ne se prêtait guère à cette manie ?

Collectionner est, pour certains êtres, un besoin aussi pressant que de manger. Leur vie est monotone quand ils ne rapportent pas quelque objet nouveau dans leur cabinet. Inquiets, remuants et chercheurs, comme le chien de chasse flairant chaque buisson, toujours ces hommes sont en quête, l'œil aux aguets. Qu'ils soient myopes, peu importe, leur court regard se change en induction. Peut-être plus trouveurs que les gens qui voient à une lieue, ils regardent en dedans d'eux-mêmes, réfléchissent, combinent, et, leur plan arrêté, s'en vont à la découverte, certains de dénicher quelque rareté dans des endroits auprès desquels les meilleurs limiers auront passé sans rien voir.

X... avait les doubles qualités de l'homme actif et du *voyant*; mais ce que lui rapportait une profession médiocre ne suffisait pas à le mettre en possession des trésors qui le tentaient dans chaque boutique.

Il commençait une collection, s'arrêtait par manque d'argent, revendait à perte, et de jour en jour travaillait à sa ruine.

Il en est des collectionneurs comme des joueurs; ils savent tromper leur soif de posséder par des fétiches.

L'amateur qui a englouti sa fortune dans un œuvre inappréciable de Rembrandt, quand il en est dépossédé, arrive à se distraire en feuilletant sur les quais les portefeuilles à un sou.

Celui-ci ramasse de vieux chapeaux, celui-là des bouchons, et dans les variétés ou les degrés d'usure de ces objets, ils trouvent de quoi exercer leur tendance à classer, à grouper, à analyser.

X... en était arrivé à des collections de boutons de toutes les formes, et les marchands, s'intéressant à une manie que le propriétaire décorait du titre d'historique, mettaient de côté tous les vieux boutons qu'ils trouvaient.

Pendant trois ans, X... alla chaque jour à la Rotonde du Temple, où tant d'habits civils et militaires subissent de singulières transformations pour lesquelles les boutons sont inutiles. Ainsi fut formée une collection soigneusement classée et cataloguée, qui ne comptait pas moins de trente-sept mille numéros.

Ces trente-sept mille boutons firent parler par leur nombre.

X.... passa pour un collectionneur sérieux, qui apportait des lumières à la science par de certains boutons que les archéologues venaient étudier de loin chez l'heureux possesseur.

A partir de la renommée attachée à la collection, les marchands de curiosités haussèrent leurs prix, un second amateur de boutons s'étant révélé, qui n'était qu'un vil plagiaire de l'*idée* de X.....

Cependant les trente-sept mille boutons commençaient à fatiguer le collectionneur, homme d'esprit d'ailleurs, qui au besoin riait de ses propres manies.

Revendre en bloc cet énorme tas de boutons, il n'y fallait pas songer; personne n'eût offert à X... la vingtième partie des petites sommes qu'il avait entassées dans sa singulière collection.

Ayant mûrement réfléchi, X... fit une tournée chez les marchands, paya des boutons sans valeur le prix qu'on en demandait, parla de ses recherches et de son musée avec enthousiasme, et, aussitôt qu'il fut rentré chez lui, divisa sa collection en dix lots habilement assortis.

Le lendemain matin, dix brocanteurs d'habits qu'il avait à sa dévotion se dispersèrent chez tous les marchands de curiosités, chacun avec un lot qu'ils offraient et vendaient aussitôt, les marchands spéculant sur la prochaine visite de X...

X... ne reparaissait plus. Les marchands le relancèrent chez lui, portant avec eux le lot de boutons qu'ils comptaient placer avec un fort bénéfice.

— Des boutons? dit froidement X..., je ne m'occupe plus de ça.

— Et votre collection?

— Vendue.

— A qui?

— A vous et à vos confrères.

On parle beaucoup de l'être merveilleux qui fait sauter la banque; on ne dit pas combien s'en retournent ruinés de Bade ou de Hombourg. X..... fut une exception.

Faire connaître les divers caractères de la foule de marchands qui spéculent sur les goûts artistiques n'est pas chose facile, le groupe comptant tous les jours de nouvelles individualités.

Il faut mettre en première ligne le *Chineur*, qui est le batteur de buissons de la chasse aux objets d'art. *Chiner*, un mot dont l'étymologie m'échappe, c'est voyager en France et à l'étranger, faire sortir les vieux meubles des écuries, les anciens tableaux des greniers, les châsses gothiques des églises, les faïences des cuisines, les christs byzantins des sacristies, les tabatières des tiroirs des douairières.

Un voleur de génie devine à l'inspection des murs d'une maison qu'elle est habitée par un vieillard seul qui cache son trésor dans la paillasse; un limier de police qui, à l'aspect d'un individu, se doute qu'il a quelque chose à régler avec la justice, possèdent certaines facultés du chineur. Seulement, le chineur est indépendant. Lui aussi a l'amour de l'art; la battue de curiosités qu'il entreprend le mène rarement à la fortune. Frais de voyage, déplacements inutiles, emballage, casse, pourboires, temps perdu, ne laissent pas de gros bénéfices sur les objets chinés.

Habituellement le chineur cherche pour le compte des autres marchands; ses trouvailles passent de ses mains à l'étalage d'un des riches magasins de curiosités du quai Voltaire ou du Boulevard, Paris ayant soif de curiosités, comme il dévore des troupeaux de moutons tout entiers chaque matin.

Une belle pièce trouve aussitôt son acheteur, comme un beau poisson ne reste pas à la halle; mais les belles pièces sont rares. L'étranger y met bon ordre.

Heureusement le bric-à-brac pousse chaque jour comme une fleur; la minute qui s'écoule pendant que j'écris ces lignes fait passer une chose usuelle dans les rangs de la *curiosité*. Ne suffit-il pas qu'un objet soit ancien et que l'industrie ait renoncé à le fabriquer pour qu'il devienne rare? Combien de gens ne cherchent que la rareté ! Si les faïences de Henri II, au lieu d'être comptées, étaient communes comme la faïence de Lunéville, chacun les trouverait d'un goût équivoque.

Un homme d'esprit un peu taquin, se promenant avec feu Sauvageot sur les quais, lui disait plaisamment en lui montrant les bains Vigier :

— Quelle *perle* pour un musée dans trois cents ans !

Les raretés, telles que la faïence de Henri II, ne s'inventent pas tous les jours, Paris vit de Paris comme l'ours se nourrit de sa graisse l'hiver.

Les ventes de l'hôtel Drouot sont un labyrinthe sans fin dans lequel le promeneur passe et repasse par les mêmes circuits. Le prince Soltikoff met dix ans à former une collection ; les chineurs de toute l'Europe sont appelés. On fouille pour le prince tous les magasins de curiosité. Par un motif quelconque, M. Soltikoff vend sa collection ; elle est dépecée à l'hôtel Drouot, achetée par divers amateurs qui eux-mêmes la revendront un jour, et ainsi de suite.

Les marchands sont nombreux qui grignottent à ces ventes ; chacun d'eux a sa spécialité.

L'un achète les meubles, l'autre les armes, celui-ci les faïences, celui-là tout. Je signale ce dernier comme un adroit industriel. Il a inventé le petit bénéfice, d'où le grand roulement d'affaires. Moyennant cinq pour cent de commission, il traite avec les petits marchands en détail qui revendent au public. Sa grande affaire (et il a raison) est de ne rien garder en magasin. Peu lui importe que l'objet soit beau ou précieux ; il ne spécule qu'à cinq pour cent. La curiosité pour lui n'est que de l'épicerie. Vendre et toujours vendre.

Qu'on pense au prix que finit par acquérir une Vénus qui, dans une boutique depuis trente ans, fait les beaux bras aux passants sans trouver d'amateurs. Elle a triplé de valeur par l'intérêt des intérêts.

Le marchand qui tient à sa marchandise n'est pas un marchand. Il fera faillite, eût-il les plus beaux Rembrandt de l'Europe.

Jadis le marchand de bric-brac faisait partie de la bande noire, se liguait contre l'amateur, organisait avec ses confrères les ventes dites de *revidage*, une sorte de complot dressé par une mystérieuse société qui, faisant loi à l'hôtel, se partageait les dépouilles de celui qui vendait et forçait l'acheteur à des prix exagérés. Ces coalitions, punies par les lois, sont tombées aujourd'hui au grand jour des ventes et à la publicité qui leur est donnée. La *Gazette des Tribunaux* a éclairé ces fraudes ; et il faut des ventes de petites villes ignorées, où le commissaire-priseur n'ayant pas annoncé ses vacations dans les journaux, pour que des marchands parisiens, profitant de l'occasion, pratiquent le *revidage*.

Par ses rapports avec les amateurs, le marchand s'est policé. L'Auvergnat a disparu presqu'à la même époque que Mme la Ressource.

On rencontre d'élégants antiquaires, instruits et bien élevés, qui ayant le goût de la curiosité et n'étant pas certains de se couvrir de gloire dans les professions libérales, emploient leur activité et leurs capitaux au commerce de la haute brocante.

Il en sera de ce commerce comme de celui de la nouveauté. Les gros capitaux se réuniront et fonderont un Hôtel-du-Louvre du bric-à-brac. C'est la tendance moderne. Je laisse à un économiste le soin d'en montrer les vices ou les bienfaits.

XIII

LE TRUQUEUR

CHAPITRE XIII

LE TRUQUEUR

L'intérêt que porte le vulgaire aux criminels s'explique par la soif du bizarre, du nouveau et de l'inconnu que nous portons en nous. Voilà donc un être qui ne pense pas comme le commun. Il a de l'audace, de la force, de la résolution, qualités assez mal appliquées à la tromperie de son prochain ; mais ce prochain, nous le connaissons à peine, et la fameuse question de Jean-Jacques relative au *mandarin,* qui met si vivement en relief notre égoïsme, nous pousse à nous intéresser au *Truqueur,* malgré ses friponneries. Il trompe le monde, mais il le trompe avec tant d'imagination !

Comment se fait-il que la noble passion artistique entraîne après elle tant de coupables commerces ? Parce qu'il en est du Beau comme du Bien et du Vrai. Le diamant sort du charbon, la truffe est tirée de la terre par des pourceaux.

Toujours le Beau marche escorté d'une forte escouade de Laid. Le plus admirable objet d'art a été découvert dans les hangars d'un chiffonnier; une beauté triomphante a appris l'art de charmer dans les bras d'un garçon coiffeur.

Il faut savoir se résigner aux commencements impurs de tout être et de toute chose.

Le truqueur a une vive intelligence, trop vive et mal équilibrée. Il n'a pas plus de sens moral que les Scapins de l'ancien théâtre français. Se complaisant dans la ruse comme le poisson dans l'eau, tromper est sa suprême jouissance, et il ne trompe pas pour s'enrichir, mais pour se chatouiller le cœur et amener un sourire sur ses lèvres minces. Je regardais, sans qu'il me vît, un truqueur en train de combiner une affaire; il ressemblait à un lézard se chauffant au soleil. C'était la même jouissance. Il m'aurait confié ses projets et je lui eusse dit : « Cela est mal et va contre l'honnêteté, » que le truqueur m'eût regardé avec le plus grand étonnement. La nature lui avait donné la ruse en partage : sa physionomie était fortement empreinte de ruse; l'homme agissait aussi naturellement que le renard qui s'introduit dans un poulailler et enlève les poules.

Un truqueur me dit avec quelque raison :

— Les animaux savent reconnaître leurs adversaires et les fuir; pourquoi les hommes ne sont-ils pas assez physionomistes pour voir que mon nez, mes yeux, ma bouche leur crient de prendre garde à moi?

J'admire le truqueur, parce qu'il ne travaille pas en vue de l'argent. Méditatif comme un philosophe, rêveur comme un poëte, il tient de l'inventeur dont il a la vie agitée.

Le truqueur est un artiste raté ; ses facultés l'ont poussé vers trop d'arts à la fois, ses mains ont trop d'adresse. Il aime les belles reliures, les autographes, les armes, les tableaux, les faïences. C'est un curieux universel, même d'histoire naturelle ; mais les facultés singulières dont la nature l'a doué font qu'il est plus porté à imiter qu'à inventer, à contrefaire qu'à imiter.

C'est le truqueur qui a lancé dans le commerce un inappréciable autographe de Molière, qu'il a fallu des années pour reconnaître faux.

Cuvier, le grand Cuvier, a acheté au truqueur un os d'animal antédiluvien trouvé à Montmartre, et fabriqué passage du Chausson.

Certain truqueur a combiné pièce à pièce le fameux fauteuil mérovingien que le plus riche des banquiers allemands devrait se garder de montrer à ses visiteurs.

Le truqueur, on le verra tout à l'heure, ne recule pas devant l'invention d'un faux obélisque.

La répétition des émaux de Limoges est un enfantillage pour le truqueur qui a retrouvé des secrets perdus pour tous.

En céramique, il en remontrerait à Bernard de Palissy.

On avertit M. Th... de ne pas acheter dans une vente certain groupe de Luca Della Robbia, fabriqué par un truqueur italien trop intelligent. M. Th... tient bon et n'écoute aucun avis. Le lendemain, celui qui voulait éviter à M. Th... une déconvenue, l'invite à venir voir dans son cabinet le même Luca Della Robbia.

— C'est le vôtre qui est faux ! s'écrie M. Th...
— Ce sont les nôtres ; ils sont tous deux faux.

Il y a des truqueurs dans chaque pays ; l'honnête Allemagne envoie à Paris des cargaisons de grès de la Renaissance, datés de 1520, fabriqués en 1860, comme on fabrique en Italie des verreries vénitiennes, des Rembrandt en Belgique, des Goya à Madrid; mais le truqueur parisien dépasse tout.

Dans un pauvre galetas habité par la poussière, meublé de tessons, on voit le soir le truqueur éclairé par un mauvais suif, accoudé sur une table boiteuse, feuilletant quelque livre de chimie. Il étudie l'art d'imiter de vieux papiers en copiant les filigranes de l'époque, ou il invente quelque encre jaunie pour le châtiment des amateurs d'autographes, ou il recherche un vernis roussâtre pour en enduire des tableaux modernes. Comme Palissy, il est homme à sacrifier sa dernière chaise pour chauffer un petit four placé dans un coin, où le feu émaille doucement une faïence; les gens qu'il fréquente, ce sont de pauvres diables qu'il fait travailler en leur parlant de millions futurs. Le jour, il court les musées, les bibliothèques, les salles de vente. Sans cesse étudiant, analysant, comparant, le truqueur a la foi du savant, de l'inventeur, du poëte; le tourment qu'il donne à son cerveau eût suffi à en faire un homme illustre, s'il n'était pas né truqueur, c'est-à-dire pour tromper.

Avec quel enthousiasme il parle des objets faux qu'il a vendus à telle collection publique, à un riche particulier, à l'Angleterre ou à la Russie! Tell est l'unique récompense qu'il attend de ses travaux, car il n'ignore pas que la police correctionnelle l'attend, qui ne reconnaît ni l'imagination, ni les efforts, et la médecine légale n'a posé encore qu'un pied bien timide devant les tribunaux, qui s'inquiètent peu si l'homme obéit à la ruse dont l'a fatalement doué la nature.

— Ai-je assez enfoncé le British-Muséum ? disait un truqueur dont les yeux lançaient des flammes.

Le pauvre diable ne mangeait pas tous les jours ; il se soutenait à force d'orgueil.

Quelques-uns auront peut-être remarqué, à l'étalage des marchands de bric-à-brac, des personnages fantastiquement allongés, couverts de plâtre et de rouille, sortes de mandragores en plomb, qu'une affiche manuscrite annonce avoir été découvertes dans un vieil hôtel en démolition, et qu'on jurerait sortir de la logette d'un fou ?

Knecht et Lefèvre fabriquent ces statuettes, qu'ils donnent pour trouvées dans des décombres ou dans la Seine.

Un commissaire de police, ayant reçu des plaintes à ce sujet, se rend dans un garni de la rue du Paon-Saint-Victor, et saisit les moules à statuettes, plus une certaine quantité de terre, de sable de rivière et de petits cailloux incrustés dans le plomb pour figurer les traces d'un long séjour dans la terre ou dans l'eau.

Nos truqueurs sont conduits en police correctionnelle.

— C'est un secret que j'ai, dit Knecht, j'ai bien le droit de l'employer. Je ne croyais pas faire mal.

— Avez-vous vendu beaucoup de ces statuettes? demande le président.

— De quoi *emplir une voiture à quatre chevaux*, répond Knecht avec fierté.

— Et vous, Lefèvre, qu'avez-vous à dire pour votre défense? demande le Président.

Lefèvre, avec un sentiment d'orgueil national :

— Je vendais cela à des Anglais.

Un autre truqueur avait une vieille mère qu'il ne savait comment faire vivre, quoique étant homme d'une rare invention. Ce truqueur jeta un jour ses visées sur un richard, spécialement affolé des peintures de Greuze.

La mère du pauvre diable vivait retirée dans un faubourg.

Elle devint, grâce à l'imagination de son fils,

l'ancienne gouvernante d'un noble, riche exilé, dont Greuze avait fait jadis le portrait. Elle passa pour avoir hérité d'une modeste rente de six cents francs de son ancien maître, à la condition expresse de ne jamais se séparer de son portrait, de l'admirable portrait de son excellent maître.

Le truqueur avait par hasard découvert cette vieille et le portrait dans un faubourg. Il en parla à l'enthousiaste de Greuze; mais le portrait ne pouvait être vendu !

Voilà de ces obstacles qui aiguillonnent les amateurs! Le collectionneur de Greuze n'en dormait plus.

Ainsi il existait à Paris une toile précieuse, qu'une bizarre disposition testamentaire empêchait de posséder.

Après avoir rêvé longtemps au moyen de tourner la situation, l'amateur donna dans son hôtel un pavillon à la vieille, lui fit une rente de douze cents francs pour quitter le faubourg; alors il put jouir de l'admirable portrait de Greuze (fabriqué quinze jours auparavant par un peintre-truqueur).

Et voilà comment le truqueur, bon fils, put offrir quelques jouissances à sa vieille mère pendant les dernières années de sa vie.

C'est du même qu'on a dit, en manière d'oraison funèbre, à un repas de bout de l'an auquel n'assistaient que les truqueurs ses confrères :

— Quel homme ! Il était plus *camelot* que tous les *camelots !*

XIV

LE FAUX OBÉLISQUE

CHAPITRE XIV

LE FAUX OBÉLISQUE

L'amateur de monuments de l'art antique est un phénomène en 1866, où le goût suit mille petits sentiers qui n'aboutissent à aucune grande voie. Aussi le vénérable M. Levallois, qui depuis longtemps se montait un cabinet de statues, de vases étrusques, de bronzes antiques, était-il le point de mire des marchands qui ont en magasin nombre de ces objets d'une défaite difficile.

Quand ses appartements furent pleins de vases, de verreries, de médailles romaines, le collectionneur avisa sa cour, dont les murs étaient vides, et ils les garnit de tronçons de statues, de bas-reliefs frustes, qui pouvaient être pris indifféremment pour des débris d'auges ou de tombeaux.

Cette garniture des murs dura quelques années,

après quoi M. Levallois se prit à souhaiter un obélisque au milieu de sa cour.

Ce n'était pas là un souhait commun. Un obélisque !

M. Levallois ne rêvait plus qu'obélisque. Il en parlait à tout propos, à ses amis, à ses visiteurs, aux marchands ; si bien qu'un antiquaire du quai Malaquais, prenant son client en pitié, lui dit qu'à force de recherches il pourrait peut-être lui procurer un obélisque de moyenne taille, mais qui, rendu à Paris, n'irait pas à moins d'une centaine de mille francs.

Cent mille francs sont une somme ! Mais rivaliser avec le monument de la place de la Concorde, s'écrier : — Moi aussi, j'ai un obélisque ! M. Levallois n'y tint pas.

Il déboursa vingt mille francs, fit pour trente mille francs d'effets négociables, et s'engagea à payer le reste de la somme comptant, le jour où l'obélisque entrerait dans son hôtel.

Six mois après, le marchand avertissait son client que l'obélisque était dans ses magasins. M. Levallois court, reconnaît les hiéroglyphes mystérieux de l'ancienne Égypte, donne un bon sur son notaire, fait charger le monolithe sur une charrette, et, tout rayonnant, attend dans son hôtel l'arrivée du monument.

Comme les ouvriers, non sans peine, le descendaient de la charrette, un des angles de l'obélisque touche brusquement le pavé, et le socle reçoit une vive écornure.

M. Levallois, irrité, s'emporte contre les déchargeurs, qui ont dégradé un monument précieux arrivé avec tant de frais de l'Égypte, et malmène tellement les ouvriers que l'un des maçons s'écrie d'un ton gouailleur :

— Ça, de l'Égypte? C'est de la pierre de Colligis !

Le collectionneur stupéfait regarde avec anxiété l'architecte, qui étudiait sans mot dire la nature du fragment détaché du socle.

— Cet homme a raison, dit l'architecte; votre obélisque est en pierre de Colligis.

Des idées singulières se pressent dans la tête de M. Levallois; timidement il demande à son architecte comment les Égyptiens ont pu venir chercher de la pierre dans le centre de l'Ile-de-France.

— Votre obélisque est moderne, monsieur; ne le saviez-vous pas?

— Moderne! s'écrie M. Levallois, qui, pensant à ses cent mille francs, faillit se trouver mal.

L'aventure fit du bruit et vint aux oreilles de la justice; à la suite d'une longue instruction fut retrouvé le sculpteur qui avait exécuté l'obélisque d'après les ordres du marchand.

Le truqueur, inventeur du faux obélisque, ferma boutique après sa condamnation, dégoûté du métier. Il eut d'abord l'intention de publier un mémoire justificatif pour démontrer à ses juges que le *truc* faisait partie du commerce de curiosités; que les véritables connaisseurs ne s'y laissaient pas prendre. — Mais, disait-il, si je publie ce mémoire, tout le quai Voltaire sera compromis. Et comme c'était un bonhomme, incapable de nuire aux intérêts de ses confrères, il se tut.

Ces histoires seraient fatigantes, si la variété des tempéraments n'engendrait quelques modifications dans la façon de tromper le public.

Il y a quelques années, un procès célèbre amena devant les tribunaux un truqueur qui avait vendu à M. de Rothschild un faux émail. L'agent lui-même, qui dirige les achats du célèbre banquier, avait été trompé malgré ses connaissances. Il fallut qu'un Russe, possédant l'émail véritable dans sa collection, le mit en présence du faux pour que la tromperie fût dévoilée.

Le drame avait été monté à la Gil Blas. Une personne âgée, demeurant en province, possédait cet émail (le faux) d'une rare beauté; un *chineur* l'avait vu ; la personne ne s'en dessaisirait que moyennant un prix considérable qui pourtant ne parut pas trop élevé au riche banquier quand il vit l'émail.

L'objet reconnu faux, le truqueur fut condamné comme ayant employé des manœuvres frauduleuses pour la vente d'une chose par lui fabriquée; mais il fut établi aux débats que l'émail faux était *plus beau* que l'émail ancien, et que, pour arriver à son exécution, le truqueur avait dû dépenser d'assez fortes sommes, qui ne cadraient pas avec le bénéfice qu'il en tirait.

C'est de l'art pour l'art.

Le truqueur, possédé de la passion qui le pousse à simuler un chef-d'œuvre, a une conscience fabriquée singulièrement, qui trouve sa récompense dans les éloges qu'il entend adresser à ses falsifications. C'est un homme de l'époque des romans picaresques; son sens moral est en arrière de deux siècles. Il s'enthousiasme pour les héros des nouvelles de Cervantès, de Quevedo, de Le Sage, tous aimables fripons qui, dans les romans et les pièces de théâtre du siècle dernier, trichaient au jeu, vivaient au crochet des femmes, personnages *classiques* que la police correctionnelle dépouille aujourd'hui de leur prestige. Qu'on s'imagine les fils de famille de Molière, les Mascarilles leurs complices, les amoureux de Regnard et de Dancourt, l'aimable Desgrieux et le chevalier de Grammont à la barre de la sixième chambre, et voilà tous nos galants conduits par deux gardes municipaux à la Conciergerie, sans égard pour leurs manchettes, leurs jabots, leurs bagues, leurs boîtes à tabac, leurs belles manières et leurs agréables mines. L'opinion publique elle-même, plus sévère peut-être que les juges, a inventé toutes sortes de vilains mots froids et secs, tels que *filou*, *homme entretenu*, *grec*, *escroc*, etc., qui ont enlevé le fard et les oripeaux de ces *chevaliers d'industrie*, terme de transition entre une époque de plaisir et une époque positive, et qui, avant cinquante ans, aura disparu de la langue; car notre temps ne reconnaît plus guère de *Chevaliers*, et l'*Industrie* est actuellement un titre de noblesse.

XV

LE RESTAURATEUR DE TABLEAUX

CHAPITRE XV

LE RESTAURATEUR DE TABLEAUX

Il ne faut pas s'imaginer que soit dissipé le nuage de moustiques qui s'attaquent à la peau des collectionneurs.

Entre tous, le plus dangereux, celui qui mord le plus cruellement et suce sa victime jusqu'à la dernière goutte de sang, apparaît le restaurateur de tableaux, la peste des pestes, l'ennemi qu'un amateur devrait tenir à une portée de fusil de sa galerie, le fusil chargé.

Un tribunal composé d'artistes acquitterait certainement le collectionneur qui aurait tué un restaurateur de tableaux cherchant à s'introduire dans sa demeure.

Les dames poétiques, qui versent une goutte de poison dans chaque verre de boisson que leur mari malade réclame pour étancher le feu qui les dévore, ne sont guères plus coupables que les restaurateurs d'objets d'art.

On distingue deux catégories bien distinctes dans cette profession :

1º Le restaurateur qui a appris la peinture ;

2º Le restaurateur qui ne sait pas se servir d'une brosse.

Entre les deux il n'y a pas à hésister. On choisira le restaurateur auvergnat, une sorte d'étameur qui nettoie la toile et lui enlève sa crasse.

Le restaurateur qui sait peindre a pour système de ne pas laisser trace de la peinture qui lui a été confiée. Préoccupé d'harmonie (l'*harmonie* d'un restaurateur de tableaux!) à peine a-t-il bouché un trou et recouvert le mastic d'un ton de sa palette, il faut qu'il aille jusqu'au bout pour moderniser l'œuvre ; ce sont des replâtrages semblables à ceux des arbres parisiens, de honteux emplâtres qui se traduisent par des touches insensées.

A quoi bon parler sérieusement du restaurateur de tableaux? Il vaut mieux conter la façon de procéder d'un rentoileur bizarre, qui avait pour manie de ne jamais trouver le sujet du tableau complétement en place dans la toile. On lui donnaît une peinture à restaurer, il coupait un peu du fond, puis de côté, admirant alors combien le tableau avait gagné. Malheureusement son enthousiasme n'était jamais complet; ayant rogné verticalement, il lui fallait redonner de la symétrie au côté horizontal, et ainsi de suite.

Quand le sujet du tableau était juste au milieu de la toile, il arrivait seulement que le propriétaire perdait un peu d'étendue et ne se souvenait plus si quelques pouces de fond avaient été enlevés; mais malheur aux personnages secondaires qui avaient l'imprudence de se promener sur les côtés du tableau, le rentoileur en sacrifiait toujours quelques-uns.

Un jour, il eut à restaurer un saint Michel à cheval. Suivant son habitude, le maniaque taille dans le ciel, les arbres, les buissons du premier plan, sans satisfaire son idée fixe de régularité. Enfin il se hasarde à enlever le panache du casque, décoiffe saint Michel, et n'est content que quand il a fait d'une toile en hauteur une toile en largeur. Symétrie parfaite; mais le saint Michel avait disparu de son cheval.

Alors seulement cet homme, qui s'intitulait *restaurateur* de tableaux, s'aperçoit qu'il en est le destructeur. On lui a confié un saint Michel à rentoiler, il ne reste plus qu'un cheval. Que faire ? Saint Michel n'était plus raccommodable ; au fur et à mesure le rentoileur avait jeté les morceaux de toile peinte dans le feu de sa cheminée.

Il court alarmé chez Basset, le marchand de tableaux, et lui conte l'aventure :

— Vous n'auriez pas un saint Michel à me vendre ?

Basset déplore le malheur, et engage malicieusement le pauvre homme à courir les marchands de bric-à-brac.

— Vous trouverez d'autant plus facilement, lui dit-il, un saint Michel à bon marché, que vous n'avez besoin que du saint à pied.

Après de nombreuses courses sur le quai Voltaire, après avoir remué tous les cadres poudreux entassés dans des coins, l'homme pensait à se jeter dans la Seine, car il ne trouvait pas de saint Michel, et il ne pouvait rendre au propriétaire le tableau tel qu'il l'avait massacré.

Tout-à-coup il aperçoit une toile représentant un Silène ivre, étendu sur le gazon les jambes entr'ouvertes. « Voilà mon affaire, s'écrie-t-il. »

Il achète le Silène, rentre chez lui, découpe le personnage aux jambes entr'ouvertes et le rentoile dans cette position sur le cheval, qui attendait patiemment son cavalier.

Comment le propriétaire accueillit-il cette restauration? C'est ce que l'histoire ne dit pas.

Autre malheur du même homme, qui avait la fureur de bavarder pendant les opérations délicates du nettoyage.

On lui confie un portrait de famille à nettoyer, il dévernit le portrait et entame une conversation avec quelqu'un qui se trouvait là. De temps en temps il trempait son éponge dans un vase placé sur son établi, au milieu d'autres vases, et cela sans regarder.

Tout à coup il s'écrie : « Ah! Seigneur! le portrait est parti! »

Le malheureux s'était trompé de vase et avait plongé son éponge dans un acide violent, pour la reporter sur le portrait.

Du portrait, il restait à peine une moitié d'œil, un morceau de menton et une main; le reste était complétement enlevé. Voilà un homme désespéré, qui accourt chez Basset, son éternelle providence.

— Connaîtriez-vous, lui dit-il, un petit peintre pas trop cher, qui pourrait me refaire ce portrait... J'ai besoin de le livrer demain; c'est pour une fête...

Je suis perdu si je ne livre pas mon travail; on me le paye douze francs, mais j'abandonnerais volontiers un petit écu à celui qui pourrait me repeindre la tête.

Basset tournait et retournait la toile, où se voyaient seulement une trace d'œil, un bout de menton, et la fameuse main.

— Etait-ce un blond? dit Basset.

— Je n'en sais rien.

— Si vous ne savez pas !

— Attendez, monsieur Basset, je crois qu'il était brun, peut-être blond ou châtain!..... Le peintre pourrait prendre une couleur entre les deux...

— Le personnage avait-il des moustaches ou des favoris?

— Je ne me rappelle pas, mais il ne portait pas sa barbe... Tout ce que je sais, c'est que l'habit était bleu, à boutons d'or... Si le peintre arrivait à réussir un bel habit bleu, ma pratique ne dirait peut-être trop rien.

Basset promit au rentoileur de le tirer d'embarras. Quoique personne ne pût lui donner la forme du nez, la couleur du teint, un peintre se mit à l'œuvre et livra au rentoileur un portrait fort passable, que le client admira profondément, dit-on.

Ce sont là deux histoires excessives de rentoileur maniaque. Il n'est guères plus dangereux que le restaurateur assermenté près les musées, qui, sans remords, se retire en province, décoré de la Légion d'honneur, ayant assassiné des centaines de maîtres.

XVI

LA SERINGUE ET LE PERROQUET

CHAPITRE XVI

LA SERINGUE ET LE PERROQUET

J'assistai l'hiver dernier à une vente qui avait un singulier caractère. Au milieu d'un lot de batterie de cuisine se trouvait un pot de confitures de groseille à moitié plein. Un autre n'y eût peut-être pas prêté attention. Un pot de confitures vide ou plein n'a rien de particulièrement intéressant; mais les ventes de l'hôtel Drouot sont significatives à regarder de près.

Le pot de confitures fut adjugé avec la batterie de cuisine sans que personne y prit garde ; toutefois entre les défroques diverses que le garçon mit sur table, chenets, pincettes, accordéon crevé, etc., il y eut un objet qui attira l'attention des brocanteurs.

C'était un siphon d'eau de Seltz dont il restait un

tiers dans la bouteille. Les marchands aiment à faire parade de brillant langage.

« Qui a soif? dit l'un.

— Le vendeur n'a pas fini de déjeuner, dit l'autre. On aura saisi chez lui ce matin.

— A la fraîche, qui veut boire? cria le garçon de magasin, qui ne voulait pas être en reste de plaisanterie.

— Allons, messieurs, reprit le commissaire-priseur, à dix francs le lot, avec une bouteille d'eau de Seltz qui n'a servi qu'à moitié.

— Elle est éventée, votre eau de Seltz, dit un fripier.

— J'aimerais mieux un verre de vin, dit un autre.

— Verse-m'en sur les mains, François, que je voie si la mécanique est bonne. »

Le garçon fit jouer le ressort pour s'associer à ces malices, et quelques gouttes jaillirent du siphon.

L'enthousiasme de l'assemblée ne connut plus de bornes, car le siphon et le pot de confitures entamés étaient la meilleure preuve qu'un homme avait été saisi judiciairement, et que les défroques encombrant la salle n° 3 sortaient réellement d'un appartement et non d'une boutique de tapissier.

Les revendeurs qui assistent habituellement aux ventes sont friands de ventes réelles, où il leur est permis d'acheter à vil prix des meubles *bourgeois* que les marchands dits *pommadeurs* n'ont pas remis à neuf.

Aussi quand on tira du magasin une troisième preuve, qui n'était autre qu'un perroquet enchaîné par la patte sur son perchoir, il se dépensa dans la salle autant d'esprit que dans un vaudeville en collaboration.

— As-tu déjeuné, Jacquot ?

— Eh ! Coco !

— Qu'est-ce que tu sais dire ?

— Siffle-nous quelque chose.

— Il a peut-être soif, si on lui donnait de l'eau de Seltz ?

L'oiseau écoutait ces propos la tête basse, l'œil inquiet, cherchant à reconnaître peut-être la voix de celui qui le nourrissait d'habitude !

J'ai une médiocre sympathie pour les perroquets ; mais dans la situation où se trouvait celui-ci, je fus ému de son air penché et de la gravité particulière avec laquelle il écoutait les propos des marchands.

L'animal sans maître dans la civilisation fait peine.

Est-il un cœur assez dur pour ne pas éprouver un sentiment pénible à rencontrer un soir d'hiver un chien abandonné, couvert de boue, et regardant chaque passant d'un œil suppliant?

Ce perroquet enlevé par l'huissier à son maître, excitait ma sympathie.

Quelles singulières réflexions avaient dû s'agiter sous le crâne de l'oiseau saisi par les gens de justice, porté dans les magasins de l'hôtel Drouot, apparaissant tout à coup aux yeux d'une foule sans pitié!

Au milieu de ces gens, que leur commerce ne pousse pas à la délicatesse, ne se cachait-il pas un être qui pleurait la perte de l'animal chéri, qui de son modeste mobilier ne regrettait que le perroquet? Oui, l'homme saisi devait se trouver à la vente, tapi dans quelque coin, assistant à la dispersion de chacun de ses meubles et s'inquiétant du nouveau propriétaire que l'adjudication allait donner pour maître à l'oiseau.

— Messieurs, dit le commissaire priseur, nous mettons en vente un fort bel ara.

— A combien le perroquet? demanda le garçon.

— A cinquante francs, dit le commissaire-priseur.

— Il ne bouge pas le perroquet, dit un brocanteur, est-il empaillé?

Pour parer la « marchandise, » l'Auvergnat qui faisait l'exhibition des objets, secoua le perchoir. En secret je souhaitais que le perroquet lui mordît le nez ; mais l'oiseau était dans un état d'abattement. Ne se sentant pas dans un milieu sympathique, le peu de mouvement qu'il faisait était de poser discrètement sur le perchoir les pattes l'une à côté de l'autre ou de se reculer au bout de l'échelon, suivant que le porteur inclinait le meuble à droite ou à gauche.

Les enchères montaient petit à petit sans chaleur, car chacun médisait de l'animal, et le dernier coup lui fut porté par un homme à casquette crasseuse qui déclara que le perroquet *n'avait pas d'éducation*.

J'espérais encore que l'être dépossédé de son mobilier profiterait de la vente pour rentrer en possession de son cher animal, et je m'appliquai à étudier le sens et le mouvement des enchères, m'imaginant pouvoir reconnaître celui qui avait élevé l'animal ; mais on n'entendait que les voix des fripiers qui médisaient du perroquet, comme un marchand d'habits ravale le paletot d'un étudiant dans la gêne.

J'avais à mes côtés une marchande à la toilette,

nez de boule-dogue, figure colorée, robe graisseuse, gorge tombante, tête coiffée d'un chapeau rose fané dont n'aurait pas voulu une figurante du Petit-Lazari. On interpellait la juive de divers côtés.

— Vous ne voulez pas du perroquet, madame Charles ?

— Madame Charles, c'est votre affaire.

La marchande à la toilette, qui avait tous les vices peints sur la figure, se plaignait de cette vente *minable* où il n'y avait *pas un coup à faire*.

Enfin j'étais entouré d'une population malsaine qui vit des dépouilles des autres, et m'est odieuse par l'âpreté qu'elle apporte dans ce commerce d'objets domestiques qui conservent un reflet de ceux qui les ont possédés.

Un secrétaire, un lit, un chandelier, une pendule, ne sont pas des êtres tout à fait inanimés. De combien de joies et de douleurs n'ont-ils pas été témoins ?

La brocante n'a pas de tels soucis. Elle achète des portraits de famille au tas, méprisant fortement les héritiers qui ne rougissent pas de se séparer de l'image de leurs aïeux.

Cependant le perroquet, à mesure que les enchères montaient, semblait comprendre qu'il s'agissait de sa personne. Les interpellations qu'on lui adressait de toute part, avaient sans doute eveillé son intelligence. Il paraissait inquiet et se livrait à certains mouvements saccadés qui faisaient la joie des marchands, car il était prouvé que sa somnolence à son entrée en scène n'était produite que par la timidité inséparable d'un début à l'Hôtel des commissaires-priseurs.

Sur le perchoir le perroquet se dressait, penchait la tête, regardait d'un œil oblique, à droite, à gauche, comme s'il eût cherché son maître dans l'assemblée, et ne le trouvant pas il battait de l'aile d'une façon lamentable.

Hélas! il n'était pas là, le maître du perroquet! Peut-être pleurait-il dans la rue son intérieur d'où il avait été brutalement expulsé par quelque créancier impitoyable! Peut-être cette saisie n'était-elle que le prologue d'une existence brisée, dont le dernier acte se passait à la maison pour dettes!

D'une voix sèche, le commissaire-priseur annonça qu'il allait adjuger l'oiseau. Son marteau d'ivoire à la main, il dessinait en l'air les courbes fatidiques qui annoncent la fin du combat et commandent le silence.

Ayant une dernière fois vanté la beauté de l'ara,

sa douceur de caractère, son brillant plumage et sa conversation étincelante, comme ces paroles ne grossissaient pas l'enchère d'un liard, le commissaire-priseur adjugea le perroquet à cent cinquante francs.

Un cri lamentable sortit du gosier de l'oiseau, qui, l'aile hérissée, parut comprendre qu'il venait d'être vendu corps et âme à un nouveau maître.

Si le pot de confitures entamé et le siphon d'eau de Seltz à moitié plein m'avaient ému comme preuves trop *vivantes* d'une vente réelle, ce perroquet me remplissait de mélancolie. Les rides capricieuses qui entouraient son petit œil rond, me faisaient penser aux rides plus profondes que le pauvre maître dépossédé avait dû voir pousser depuis la saisie.

Peut-être était-ce une vieille fille qui avait reporté sur la tête d'un oiseau chéri un trésor d'affections accumulées ! Mon attendrissement fut surtout provoqué par les rires de cette foule sans pitié, qui, après l'adjudication, répondirent au cri de détresse du perroquet.

Le sentiment brutal des masses conduit quelquefois l'homme à des réactions un peu sentimentales.

Je quittais la salle de vente, lorsque je fus rappelé par un éclat de rire considérable.

Au milieu d'objets de toute sorte étalés sur la table, était une seringue en étain de forme ancienne, telle que le répertoire de Molière nous l'a conservée dans sa forme classique. Le manche de bois était tiré du canon, et la machine gothique apparaissait dans sa longueur solennelle dont l'agencement, comme au début d'une tragédie, ne demande pas moins de deux personnes : un prince et son confident.

Les panailleux avaient raison de rire à la vue de l'ancienne seringue, et moi-même je m'associai à leur gaieté. Ce qui se débita ce jour-là de lazzis fut immense.

L'Auvergnat chargé de montrer les objets portait la seringue avec une joie non dissimulée, car chacun de ses mouvements provoquait des rires dont eussent été jaloux les farceurs du Palais-Royal.

Arpentant la salle dans toute sa longueur, derrière la table qui le séparait des enchérisseurs, tantôt le garçon de salle faisait l'exercice du fusil avec l'instrument, tantôt le brandissait pour le montrer aux derniers rangs de la foule, et sans efforts il obtenait un immense succès.

— Allons, Pierre, dit le commissaire-priseur, homme grave à qui cette gaieté n'amenait aucune enchère, pas de plaisanterie. A deux francs le lot, avec l'instrument en question.

De nombreuses paroles succédèrent à cette enchère. On n'écoutait pas le commissaire-priseur; les propos allaient leur train.

— C'est une seringue usée, dit l'un.

— Messieurs, reprit le commissaire-priseur, je la garantis en bon état.

— L'avez-vous essayée?

Le garçon de salle, pour répondre aux exigences du public, appuya le manche de la seringue contre sa poitrine.

Alors un jet considérable de liquide oléagineux s'échappa de l'instrument et inonda tous les rangs de la foule entassée!

Un cri formidable répondit à la colonne d'eau gluante.

La seringue se vengeait des calomnies des panailleux.

Avec des mines de dégoût, tous ces gens s'essuyaient le visage; mais de cette décoction il restait quelque trace aux cheveux comme aux poils des marchands. D'horribles grimaces furent gravées pour la journée sur la face de la brocante, et, plein de gaieté, je sortis de l'hôtel, heureux du châtiment de cette foule de revendeurs et de marchandes à la toilette, qui tous avaient reçu en pleine figure quelques échantillons du liquide si singulièrement inclus dans la respectable machine.

Toutefois je n'ai pu, malgré mes recherches, me procurer d'autres renseignements sur la vente étrange du 19 octobre 1860, qui avait réuni un pot de confitures entamé, un siphon d'eau de Seltz, un perroquet mélancolique et une seringue pleine.

XVII

LE MOBILIER BLEU

CHAPITRE XVII

LE MOBILIER BLEU

Quelquefois il est rouge; invariablement il est rouge ou bleu.

En face du grand escalier de l'Hôtel, se trouve la salle affectée plus spécialement à la vente du mobilier bleu.

Ce somptueux mobilier bleu fait le désespoir d'honnêtes provinciaux nouvellement débarqués à Paris, qui ouvrent des yeux immenses devant les fauteuils bleus capitonnés, les rideaux de damas bleu, les divans bleus et la garniture de cheminée en velours bleu avec d'élégantes torsades bleues.

Au risque de passer auprès des commissaires-priseurs pour un être désagréable, je révélerai les mystères du mobilier bleu.

Il a pour frère le mobilier rouge ; tous deux passent, repassent, se doublent, se dédoublent, vont de la salle n° 4 à la salle n° 2, prennent un congé d'une huitaine, débutent de nouveau par extraordinaire, et finalement terminent leur triste destinée dans les salles sombres du rez-de-chaussée de l'Hôtel, où un maigre jour adroitement distribué ne permet pas de distinguer les avaries, taches et déchirures subies pendant ces divers voyages.

Fripé et passé de couleur, ce n'est pas que le mobilier bleu soit tentant; mais c'est un mobilier *riche*. La tradition l'attribue à une fille imprévoyante qui a fait de mauvaises affaires, et le mobilier séduit les gens qui jadis ont montré un vif enthousiasme pour les fauteuils capitonnés du théâtre du Gymnase.

Le mobilier bleu ou rouge appartient à un tapissier, dont le commerce est de fabriquer de ces capitonnements pour l'Hôtel des commissaires-priseurs.

Défiez-vous de ces fauteuils à tournure vulgaire, qui sentent la maison meublée, l'atelier de photographie. Le damas est en coton, l'étoupe remplace le crin, le bois blanc se cache sous l'étoffe; c'est un mobilier confectionné à la *Belle Jardinière*.

J'ai fait partie de quelques congrès, et je me

suis assis plus d'une fois aux banquets officiels de sociétés savantes, — qui n'étaient pas savantes; dans ces dîners à vingt-cinq francs fournis par la maison Potel et Chabot, on remarque diverses pièces montées qui ne font que paraître et disparaître au dessert, les garçons s'en emparant avec une extrême rapidité pour les découper et ne les rapportant jamais.

Sans illusions en cuisine comme en mobilier, j'eus toutefois le temps dans un banquet officiel, donné par une ville du Midi, de faire avec mon couteau une marque particulière sur la base d'une pièce montée qui affectait la forme du Panthéon. Deux ans après, dans un autre congrès du Nord, à un dîner fourni par les mêmes Potel et Chabot, je retrouvai la pièce à laquelle j'avais fait un signe. Ainsi que moi, elle était âgée de deux ans de plus, et pleins d'égard pour sa vieillesse, les garçons l'enlevaient toujours avec la même rapidité.

Ce système d'observation peut, avec un égal succès, être appliqué au mobilier bleu de l'Hôtel des commissaires-priseurs.

L'esprit sceptique arrachera avec précaution quelques petits glands bleus des fauteuils ou fera une croix derrière la boiserie d'un meuble. Si, quelque temps après, il ne retrouve pas la preuve des éternelles rentrées du mobilier bleu ou rouge, je consens à passer pour un esprit romanesque.

XVIII

SALLE N° 16, DITE DES COLONIES

CHAPITRE XVIII

SALLE N° 16, DITE DES COLONIES

Il existe à l'entresol de l'Hôtel une salle de vente portant le n° 16, qui semble une loge de concierge.

Les initiés la connaissent sous le nom de *salle des Colonies*. Là se vendent des copies de Meissonier, de Mlle Bonheur commandées à la douzaine et payées à de malheureux rapins *sept francs* pièce. Tableaux destinés à l'exportation, aux colonies, à l'Amérique.

Quand l'exportation ne va pas, les entrepreneurs de ces sortes de peintures essaient de les écouler dans cette misérable salle, vouée par les amateurs à l'indignation.

On y vend des tableaux à pendants avec des cadres dorés à la sauce, ou plutôt on ne les vend pas, car il faut être d'un provincialisme excessif pour se laisser prendre aux manœuvres des panailleux qui encombrent le prétoire.

Dans cette salle des Colonies, le commissaire-priseur a inventé un dictionnaire d'artistes particulièrement inconnus.

J'y ai vu vendre deux « *charmants petits Cassart très-fins.* »

Qu'est-ce que Cassart?

Sans émotion je n'ai pu entendre l'enchère d'une « *gouache de M. Blochet, âgé de quatre-vingt-cinq ans.* »

A quoi le crieur ajoutait :

— Le pauvre M. Blochet n'en fera plus longtemps.

Le même commissaire-priseur (salle des Colonies, n° 16) mit en vente, une autre fois, un *fixé* de mademoiselle Lajoy.

— L'artiste est décédée il y a quinze jours, s'écriait-il avec une larme qui n'était pas mal trouvée.

Pourtant cette annonce du *décès* de mademoiselle Lajoy ne put faire vendre le *fixé*.

Un pâtissier obligé de manger ses gâteaux. Quel châtiment!

Tel est pourtant celui que subissent fréquemment

les gens à figure douteuse, qu'on voit entrer vers les deux heures à l'hôtel Drouot pour s'entasser dans la salle des Colonies, où, pendant des journées entières, ils se trouvent en présence de tableaux invendables qui, depuis six mois, ne quittent pas l'Hôtel, fatiguant le commissaire-priseur, l'expert, le crieur et jusqu'au propriétaire lui-même, qui quelquefois se prend à douter que ce soient des tableaux.

Personne n'en veut; aucun pigeon ne se présente. L'enchère se fait basse et rampante : elle était hier de cent francs; lâchement elle est descendue à cent sous! Rien n'y fait.

Une puissance sarcastique me pousse à me mêler aux claqueurs qui, me prenant pour un bourgeois, commencent leurs comédies :

— C'est un tableau de maître ! s'écrient-ils en chœur.

— Quelle pâte !

Ils se font passer le tableau, le regardent d'un œil, me guignent de l'autre.

— Superbe ! s'écrient-ils.

Cependant les enchères fictives montent avec la rapidité de la marée.

Le commissaire-priseur use tout son fluide magnétique à vouloir m'animer. Je reste froid. Vingt fois le marteau se lève en l'air sans retomber.

Les allumeurs, me regardant comme une brute inaccessible aux harmonies de la peinture, se rejettent sur le cadre.

— La bordure vaut l'enchère, disent-ils à mes côtés.

Impassible, j'assiste à cette comédie dont j'attends le dénoûment.

Le tableau est adjugé, en apparence, à un des claqueurs.

— A moi! dit-il avec un enthousiasme mal joué.

Le crieur se retourne vers l'expert, l'expert vers le commissaire-priseur, le commissaire-priseur vers son scribe, tous avec des clignements d'yeux désappointés, et le malheureux clerc, qui voit que je l'observe, feint d'écrire le nom de l'acheteur et le prix de la vente.

Dans cette boutique de tromperies de toutes sortes, c'est un spectacle consolant que de voir les pâtissiers manger leurs gâteaux rances.

XIX

LA VENTE DES ŒUVRES D'UN HOMME DE GÉNIE

CHAPITRE XIX

LA VENTE DES ŒUVRES D'UN HOMME DE GÉNIE

C'est dans de telles circonstances que l'Hôtel des commissaires-priseurs se relève et s'ennoblit. Les sentiments mercantiles n'étant plus en jeu, marchands et vendeurs s'enfuient, ruinés dans leurs instincts.

— Il n'y a rien à faire! s'écrient-ils, désespérés de ne pouvoir atteindre aux enchères d'un public vraiment enthousiaste.

En effet, ce n'est plus une *vente*, ce ne sont plus des enchères. En face des souvenirs laissés par un maître puissant, l'argent perd sa valeur. Une fièvre particulière s'empare du cœur des assistants qui protestent en vidant leur bourse contre ce qui fut la bourgeoise opinion publique.

Pendant les huit jours et les huit soirées consacrés à la vente des œuvres laissées par Eugène Delacroix, ils étaient cent enthousiastes, toujours les mêmes, sérieux, froids, la plupart liés d'amitié, qui ne se faisaient nulle concession. Chacun enchérissait sur son voisin, sur son ami.

Il s'agissait d'hériter de Delacroix !

Car le maître, voulant que ses dessins, ses notes, ses carnets intimes fussent mis en vente, avait choisi pour ainsi dire le public pour héritier ?

— Mon œuvre parlera pour moi, s'était dit Eugène Delacroix. Chacun suivra ainsi ma pensée de chaque jour, ma vie laborieuse, mes études, ma recherche de l'héroïque; chacun assistera à l'enfantement de mes œuvres.

D'abord parurent les tableaux inachevés, les études d'atelier, les croquis de voyage, les projets de jeunesse, les réalisations de la maturité ; mais qu'ils étaient instructifs les dossiers relatifs aux principales œuvres du maître !

Sous le coup de la pensée déjà nette, sont disposés des groupes qui semblent un chaos aux yeux inexercés. Les grandes lignes sont indiquées, les horizons tracés.

Dans de certaines compositions apparaissent les profils de grandioses architectures : au milieu des lignes triangulaires tracées par un habile perspecteur se détache une figure fiévreusement indiquée où déjà le trait caracole comme le Trajan porté sur son cheval.

L'artiste était nerveux, impatient; il avait peine à ne pas rendre la main à son pinceau.

Dans chacune de ces feuilles, on suit son crayon fougueux, jetant une figure à l'état embryonnaire, le reprenant, l'ennoblissant, la modelant, pour ainsi dire, avec autant d'efforts qu'un sculpteur qui d'un bloc de marbre tire un groupe palpitant.

Chaque figure est étudiée par le maître avec un égal soin; de cette figure tout mouvement a été scruté par le crayon : jambes, bras, torse, tête, costume, ont demandé une étude à part. Si le personnage tient un étendard, ce sont des études de drapeaux; si une cuirasse recouvre la poitrine des acteurs du drame, ce sont des études d'armures nettes et précises.

Comme les grands chanteurs, soir et matin Delacroix faisait des gammes avec son crayon.

Quelle leçon pour les artistes! Et quel démenti à ces braves gens qui naïvement s'imaginent que le pinceau du maître s'ébattait à tort et à travers sur ses toiles, poussé fougueusement par le démon de la couleur !

Partout Delacroix dessine, dans le désert, sous la tente, en pleine rue, rehaussant son dessin d'une touche de pastel ou d'aquarelle.

Personne n'a fait plus de croquis d'après nature d'hommes, d'animaux, de paysages, de ciels. En voyage, quand il ne peut peindre, il note les tons : anecdotes de voyage, accidents de terrains, costumes, maisons, sont consignés par la plume, le crayon, et toujours relevés par cette note de rouge plus agréable à l'œil qu'un piment pour le palais d'un homme blasé.

Les belles notes de *rouge* et de *vert* qu'il a sonnées comme avec un cor ! Je songe à Weber, le romantique chantre d'*Obéron*. Ce sont deux génies de la même famille. Plus glorieux que ceux des anciens chevaliers, leur blason porte pour emblème retentissant : *rouge, vert.*

Ainsi en mourant l'illustre artiste laissait mieux qu'une apologie de lui-même, mieux que des Mémoires : dix mille parties de son œuvre.

Chacun en possède, chacun s'est gêné, chacun s'est saigné pour cette vente.

J'ai surpris de jeunes artistes qui, ne pouvant acquérir de ces souvenirs, se rendaient chaque jour aux expositions et feuilletaient religieusement les cartons du maître! Ils n'avaient pas connu Delacroix; ils voulaient entendre ses dernières paroles.

Mais que de cris, de colères! On aurait pu se croire aux beaux temps des luttes romantiques.

Là j'ai rencontré le propriétaire d'une célèbre galerie d'anciens tableaux, un homme qui a une réputation de *fin connaisseur*.

— Eh bien, lui dis-je, maintenant que Delacroix est mort, il a droit d'entrer dans votre galerie.

Le « fin connaisseur » fit la grimace. D'un ton plein de conviction :

— J'aime l'échevelé, dit-il, mais dans le contenu.

Comme je regardais avec stupéfaction ce « fin connaisseur » :

— *L'échevelé dans le contenu!* répéta-t-il avec une grimace de colère.

En parlant ainsi les poings du « fin connaisseur » se crispaient, ses lèvres se serraient; car l'émotion générale, l'admiration de tous le blessaient au vif.

Que ces colères provoquées par le génie sont utiles

et réconfortantes! Comme on respire et comme on est heureux qu'elles s'échappent de la bouche des sots.

De l'œil, j'épiais avec joie les symptômes d'irritation qui empourpraient la face du « fin connaisseur; » mais surtout le révolta le dessin passionné du maître qui représente Hamlet tuant Polonius : *How how! a rat!* (Qu'est-ce que cela? Un rien.)

— Le misérable! s'écria le « fin connaisseur » au comble de l'exaspération.

Il voulait parler de Delacroix.

Chacun des mouvements du jeune Hamlet agissait sur son épaisse individualité, car telle est la puissance du génie de secouer les nerfs des gens sanguins et de leur faire éprouver d'excessives sensations.

Un enthousiaste prit le tableau d'Hamlet et tenta d'en faire comprendre les beautés au « fin connaisseur. »

— Pas de dessin, monsieur! criait celui-ci avec rage, pas de dessin!

Une discussion s'ensuivit, vive et passionnée, qui attira un cercle autour des deux contradicteurs.

Quoi de plus intéressant que ce duel! D'un côté la

haine du pathétique, de l'autre un cri de reconnaissance pour le maître qui a développé des sensations nouvelles.

—Il faudrait savoir ce que pense Monsieur Ingres ! s'écriait le « fin connaisseur » cherchant un secours dans l'arsenal académique.

Mais il se sentait entouré d'ennemis, et l'irritation teintait de violet ses oreilles charnues.

C'était comme un de ces pugilats auxquels se plaisent les Anglais.

De moment en moment la foule pressée rétrécissait le cercle d'où partaient des huées pour le « fin connaisseur. »

Les poings crispés, se sentant pris dans un groupe ennemi, ne voyant autour de la salle que « d'épouvantables » colorations qui le mettaient hors de lui, l'homme une dernière fois voulut témoigner son horreur pour cet art; mais il ne put articuler aucune parole.

Alors le groupe de gens qui l'entouraient exprima une si bruyante joie de ce désarçonnement que les yeux du « fin connaisseur » devinrent blancs. Sa bouche se contorsionna; la face lie de vin, l'homme tomba sur le plancher, sans vie, — comme un paquet.

228   L'HOTEL DES COMMISSAIRES-PRISEURS

Et, plein d'une joie farouche, les nerfs vibrants, je quittai la salle pensant à ces vers d'Hamlet :

> *Thou wretched, rash, intruding fool, farewell!*
> *. . . . . take thy fortune :*
> *Thou find'st, to be too busy is some danger.*

(Adieu, pauvre fou indiscret et téméraire, adieu!... Subis ton sort! Tu as appris qu'il y a du danger à se trop mêler des affaires d'autrui.)

XX

LE COLLECTIONNEUR DE CHAUSSURES

CHAPITRE XX

LE COLLECTIONNEUR DE CHAUSSURES

Chaque jour révèle un nouveau type d'amateurs, et je tracerai en traits rapides le profil du singulier personnage qui a réuni un assemblage de souliers, à commencer par les mocassins de la *Pluie-qui-marche* pour s'arrêter aux pantoufles de l'infortunée danseuse Livry.

Dans de grandes vitrines sont entassés des souliers à la poulaine, des *philosophes* de voleur, et les fameuses bottes à entonnoir que Bassompierre vidait d'un trait.

Ici on peut étudier comment marche l'homme, depuis le paysan jusqu'au grand seigneur, depuis le sauvage jusqu'au civilisé. De Bretagne ont été rapportées des bottes qui ne comptent pas moins de trois générations : bottes que fièrement le paysan porte sur son dos et qu'il ne chausse qu'à la porte de l'église. Mais quelles semelles et quels clous !

Les clous sont trop proches parents du cuir pour que l'amateur n'ait pas ouvert une salle spéciale à la clouterie de chaussures. Ses vitrines offrent de graves motifs à réflexions : l'ancien clou de nos preux y vit en bonne intelligence avec la vis des magasins de confection.

L'usure des talons ou de la semelle, la fatigue particulière à certaines parties de la chaussure, suivant que l'homme marche en dedans ou en dehors, ont inspiré à ce collectionneur des mondes de pensées. Il a bâti une théorie à ce sujet : « Dis-moi comment tu marches, je te dirai qui tu es. » En montrant telle chaussure, il affirme qu'elle n'a pu appartenir qu'à un cagneux. L'état d'un homme qui pense habituellement lui est révélé par des trous bien conformés sous la plante des pieds ; à l'entendre, de saines réflexions conduisent à une chaussure sainement usée.

Un corps de bibliothèque renferme les philosophes et les naturalistes depuis Aristote jusqu'au capitaine d'Arpentigny, pour prouver que les différentes faces de l'homme et de la femme ont été étudiées : yeux, mains, rides, oreilles, tout, excepté la physionomie du pied.

Notre homme en arrive à faire mouler des pieds antiques et des pieds modernes; il démontre combien le rude Michel-Ange introduisait de muscles dans les pieds de ses héros, et combien le doux Raphaël en supprimait.

Jusque-là un troisième étage suffisait au collectionneur : peintures, sculptures et moulages lui font louer trois pièces nouvelles.

Un jour il pense que les échasses doivent faire partie de sa collection, comme aussi les patins, les engins de bois que s'adaptent aux pieds les différents peuples. Un vide résulterait si les socques articulés de la Restauration, les bottes fourrées et les caoutchoucs modernes manquaient à cette gloire. Une salle sera ouverte aux préservatifs contre le froid, la pluie, la neige, la boue.

Voilà le collectionneur plongé dans la géologie. Quoi de plus curieux que la boue des différents peuples! Lors de la création de son musée, il nettoyait à fond ses chaussures et s'essayait à leur donner du brillant; aujourd'hui, c'est son idéal que de les acheter crottées. Il vous montre de la boue des Marais-Pontins. Quelle gloire! L'œil brillant d'enthousiasme, il décroche une échasse recouverte de boue des Landes. Ces différentes boues du nouveau monde et de l'ancien, du Nord et du Midi, il les a classées par petits tas sur des tablettes d'ébène; elles sont étiquetées. Rien n'y manque, pas même une poignée de macadam. Et il faut voir l'affection que le collectionneur porte à ses petits tas de boues que, radieux, il vous présente. Il les flaire, et je ne garantis pas qu'il n'y ait goûté.

On a conseillé à notre homme de s'occuper des enveloppes qui protégent le pied contre la chaussure. Il cherche actuellement les bas « couleur de pensée » de la *Fille du Président*, signalés dans une chanson populaire du xviiie siècle. Les variations de tissage et de coloration des bas et des chaussettes ont rempli une chambre immense, une boutique de cotonnades.

C'en est fait. Il faut déménager, car une idée est venue au collectionneur en regardant dans la rue un malheureux qui se sert d'une béquille. Il a donc ouvert une galerie de béquilles, de cannes, de bâtons de vieillesse, de tout appui qui protége la marche de l'homme.

On n'en finirait pas s'il fallait décrire les collections de cirages, depuis le cirage à l'œuf jusqu'au vernis. Nécessairement le cirage a appelé sa maîtresse la brosse.

Puis ce sont des collections d'étriers des différents peuples et des collections d'éperons. Chaque jour amène un tenant et un aboutissant à la chaussure humaine. Il faut des étoffes, des pantalons et des robes pour démontrer comment se présentent une botte et un soulier de bal. Le collectionneur en arrive à habiller des mannequins tout entiers; dans l'antichambre, des cavaliers, portant la lance au poing, servent de démonstration à la pose du pied de l'homme de guerre dans un étrier.

Bientôt la maison ne suffit plus. Il faudrait une rue, un quartier, une ville. L'homme, à court d'argent, offre au gouvernement de lui céder sa collection, et finalement l'envoie à l'Hôtel des commissaires-priseurs, où tant de peines, de soins, de soucis, d'argent dépensé, aboutissent au Temple, ce grand creuset où tout se métamorphose et devient utile.

XXI

LES TROUVAILLES DE M. BRETONCEL

CHAPITRE XXI

LES TROUVAILLES DE M. BRETONCEL

Le célèbre agent de change Bretoncel était un amateur de hautes curiosités. On entend par là des curiosités qui ne sont pas toujours curieuses; mais leur prix élevé donne à croire aux gens qui s'en rendent acquéreurs que par là ils offrent quelque ressemblance avec les Médicis. Se regardant comme des protecteurs de l'art, pour entasser émaux sur jades, armes sur cristaux, et faire de leurs salons des boutiques de bric-à-brac.

Pendant l'automne, M. Bretoncel passait ses vacances dans une riche propriété située sur les bords de l'Oise, où son temps n'était pas inoccupé. Là, comme à Paris, la manie de curiosités ne le quittait pas; il courait les environs à pied, et les objets, que certainement il n'eût pas regardés à l'hôtel Drouot, lui semblaient merveilleux lorsqu'il les trouvait en furetant. Un chasseur qui ne rapporte rien dans son carnier tue un moineau de buisson, se le fait apprêter à son déjeuner et le trouve meilleur qu'une bécasse. Il en est de même du collectionneur.

Un jour, que M. Bretoncel avait ainsi battu tout le pays pour la plus grande fatigue de ses jambes, il rentrait mélancoliquement au logis les mains vides, lorsque à la porte d'un cabaret il avise un dressoir chargé de vaisselle grossière! Aussitôt voilà un homme en arrêt, regardant si quelque objet précieux ne se cache pas dans la pénombre.

— Entrez, monsieur, dit la cabaretière, qui, voyant un homme fatigué, lui offre une chaise.

Au lieu de se reposer, M. Bretoncel fait le tour de la salle, jette un regard ardent sur chaque coin enfumé, et enfin s'arrête devant le manteau de la cheminée, où était pendue une vieille écumoire de cuivre.

L'agent de change décroche l'écumoire, la tourne, la retourne, et regarde au jour cette passoire d'un médiocre intérêt, sauf que les trous, par une ingénieuse disposition, formaient un nom et la date de 1749.

— Combien me vendriez-vous cette écumoire?

La cabaretière se fait prier. L'objet vient de sa grand'mère : il lui coûte de s'en défaire; mais, comme M. Bretoncel insiste, moyennant dix francs il devient possesseur de l'écumoire qu'il étudie plus à l'aise, assis sous le manteau de la cheminée, la frottant pour lui rendre son éclat primitif.

Deux paysans étaient attablés dans le cabaret devant un pichet de cidre, causant de procès, de fermages et de récoltes.

— Qu'est-ce qu'il veut celui-là? demande l'un d'eux à la cabaretière.

Suivant elle il s'agit d'un chercheur de vieilleries à qui elle a cédé une passoire pour une bonne somme, ce qui lui permettra d'en acheter une neuve et une couple de poulets par-dessus le marché.

— Si c'est ça, dit le paysan en élevant la voix de façon à se faire entendre de M. Bretoncel, j'ai à la maison une fameuse antiquité.

L'agent de change dresse les oreilles et demande au paysan de quoi il s'agit.

— Je ne saurais point définir la chose. Les enfants ont trouvé ça dans le grenier, et je vous garantis que l'objet y était depuis bel âge.

Grenier, longtemps sont de ces mots qui frappent tout collectionneur.

M. Bretoncel presse de questions le paysan.

— Tout ce que je peux vous dire, monsieur, c'est que ça brille, qu'il y a comme un ange doré et de l'écriture dessous.

Brille, écriture, ange doré s'ajoutent à *grenier* et *longtemps* et forment un groupe d'inductions qui peuvent mettre sur la trace d'un objet précieux.

L'agent de change se lève, promène ses inductions, et n'en tirant rien, se rassied.

— Que représente cet objet?

— Malheureusement il n'y a pas de maître d'école dans notre contrée, sans quoi je me suis déjà dit que je lui aurais donné l'écriture à déchiffrer.

— Est-ce un tableau?

— C'est un tableau sans l'être, dit le paysan. Pour sûr, il y a du métal.

— Du métal! s'écrie l'agent de change en ouvrant de grands yeux comme pour apercevoir l'objet. Est-ce grand?

— Ni trop grand ni trop petit.

— Enfin de quelle taille à peu près?

— Monsieur, sauf votre respect, comme le cul d'une *castrolle*.

Là-dessus le paysan se lève et endosse sa carnassière.

— Vous partez déjà, brave homme?

— Monsieur, j'ai une lieue avant d'arriver à la maison.

— Vous accepterez bien un verre de vin pour vous donner des jambes?

— Ce n'est pas de refus, monsieur.

La bouteille sur la table :

— Vous dites donc qu'on remarque de l'écriture et un ange?

— Attendez, je me rappelle maintenant : l'ange joue de la trompette.

— Sujet religieux, se dit l'agent de change, avec légende explicative.

Il se lève, décroche une casserole et l'apporte sur la table.

— L'objet est donc de cette taille?

— Juste, monsieur, sauf que le dessus n'est pas plat... il est comme bombé.

— Sans doute creux en dessous? reprend M. Bretoncel.

— Ma parole, vous parlez comme un sorcier.

L'agent de change a peine à cacher son émotion.

Sa respiration est oppressée, son cœur palpite, ses mains tremblent.

Il n'y a pas à en douter, il s'agit d'un émail.

Aussitôt un inventaire sommaire se fait dans le cerveau du collectionneur. L'objet a été trouvé dans un *grenier*, où il était caché *il y a bel âge*, suivant le mot du paysan. Donc il est *très-ancien*. Il *brille*. Un *ange* sonnant de la trompette est représenté avec une *légende dorée* en exergue. Le métal est à la fois *concave* et *convexe*.

C'est assurément un merveilleux émail, provenant de quelque ancien château, de quelque couvent des environs. Quelle gloire de tirer de l'obscurité un admirable ouvrage de Léonard Limosin ou de Pierre Courtois !

Pourtant il faut cacher toute émotion, de peur que le paysan ne s'en aperçoive. Ces gens de campagne sont si retors ! M. Bretoncel est sur le point de « faire un coup ; » des palpitations l'en avertissent.

— On peut voir cet ém...? Hem ! hem ! s'écrie l'agent de change, faisant rentrer violemment la dernière syllabe dans son gosier.

— Monsieur, la vue n'en coûte rien. Vous pourrez même, le jour qu'il vous plaira, vous donner la satisfaction de voir mes mioches faire la dînette dedans.

— Les scélérats ! s'écrie M. Bretoncel.

— S'il vous plaît !

— Comment, vous laissez des enfants jouer avec un tel objet ?

— Il faut bien que les mioches s'amusent.

— Mais déjà n'ont-ils pas détérioré cet ém..? Hem ! hem !

— Il est solide ; le vernis le protège.

— Eh bien, dit l'agent de change, consentiriez-vous à me céder cette antiquité ?

— Je ne dis pas non, monsieur... C'est les enfants qui y tiennent le plus.

— J'aurais presque envie de vous accompagner...

— Avec plaisir, monsieur. Il n'y a qu'une lieue.

— Madame, dit l'agent de change à l'hôtesse, servez-nous trois petits verres d'eau-de-vie, de votre meilleure.

Comme il s'agit de se mettre tout à fait dans les bonnes grâces du paysan, M. Bretoncel boit, non sans grimace, l'eau-de-vie et trinque avec l'homme.

On se met en route ; mais, à dix pas de la porte, le paysan revient sur ses pas en s'écriant.

— J'ai oublié ma pipe !

— Sans indiscrétion, la mère, dit-il à l'aubergiste, combien le bourgeois a-t-il payé l'écumoire?

— Voilà la pièce, dit la femme en tirant dix francs de sa poche.

— Bon ! s'écrie le paysan, qui, ayant allumé sa pipe, revient l'air indifférent vers son compagnon de route, en envoyant de grosses bouffées de fumée.

On parle des enfants. L'agent de change questionne son compagnon sur leur âge, et comme en ce moment on passe devant l'épicier du bourg, M. Bretoncel prie l'homme de l'attendre, entre dans la boutique, et en ressort quelques instants après chargé de poupées, de polichinelles, de sacs de bonbons.

— Comme vous voilà harnaché, monsieur ! dit le paysan. Les joujoux vont vous gêner pendant la route.

— Votre petite famille m'intéresse, répond l'agent de change, et je me fais un véritable plaisir d'offrir ces jouets à vos enfants.

— Vous allez leur faire l'effet du bon Dieu, ma parole !... Les enfants de chez nous ne sont point habitués à de pareilles largesses.

Pendant une demi-heure la conversation roule ainsi sur des matières indifférentes. M. Bretoncel affecte de ne pas parler du hasard qui, en le jetant sur la trace d'une merveille, l'entraîne par les chemins, chargé de paquets de toute sorte. Cependant de temps en temps il revient à l'objet de sa recherche :

— Vous ne craignez pas de laisser manger vos enfants dans du cuivre ?

— Puisque je vous dis, monsieur, que le creux est verni comme le dessus.

— C'est bien un émail, se dit l'agent de change.

Au loin à travers les peupliers brillent les toits d'ardoise d'un corps de ferme. Le cœur de l'agent de change s'épanouit. Encore une portée de fusil, et la merveille brillera à ses yeux !

— Ce n'est point là notre village, dit le paysan ; nous ne sommes encore qu'au bourg où nous nous approvisionnons.

M. Bretoncel pousse un soupir. Ses paquets commencent à l'embarrasser, et il faut les porter à des morveux qui ont peut-être endommagé un précieux objet d'art ! Mais la dissimulation est nécessaire pour arriver à la possession et l'agent de change refoule au fond de lui la gêne qu'il éprouve.

Les voyageurs traversent la place du bourg où un immense bas en bois se détache de la façade d'un magasin de cotonnades.

— C'est pourtant ici, dit le paysan, que ma femme m'avait recommandé de lui acheter une robe ; malheureusement il y a eu du tirage au marché aujourd'hui, les grains sont en baisse, ce sera pour une autre occasion.

L'appel à la générosité du collectionneur est clair, mais les femmes sont dures en affaires et il est bon de les amadouer.

— Si une robe peut être agréable à votre ménagère, dit-il, qu'à cela ne tienne.

En même temps M. Bretoncel entre dans la maison du Grand-Bas-Bleu. D'un geste, désignant une étoffe à l'étage :

— Montrez-moi cet émail, dit-il.

— Émail ! répète la marchande étonnée.

— Hem ! hem ! fait l'agent de change effrayé, regardant si son compagnon ne l'a pas entendu ; mais le paysan est assis sur le pas de la porte, rêvant au hasard qui lui a fait rencontrer une telle vache à lait.

M. Bretoncel, l'étoffe coupée, sort avec un nouveau paquet sous le bras, se disant :

— Ah ! si mes confrères de la Bourse me voyaient dans cet équipage !

La passoire de cuivre est accrochée à un bouton

de la redingote; les paquets de bonbons sortent à moitié des poches; les deux mains retiennent des poupées et des polichinelles, et sous le bras gauche l'agent de change porte la robe enveloppée.

Le paysan offre de se charger de la moitié des paquets; mais M. Bretoncel, par une superstition commune aux collectionneurs, n'y veut consentir. Il ne peut faire aucun mouvement des bras, sa marche est gênée. Par là l'amateur se souvient à chaque pas qu'il marche à la conquête d'une merveille. Si ses nerfs en souffrent, l'émail reluit d'un plus vif éclat dans le lointain.

M. Bretoncel pense au comte de Goyon-Latour, qu'il a rencontré dans les rues de Paris, portant sur ses épaules un énorme buste en marbre qu'il venait d'acquérir; il se dit que, pour marcher sur les traces d'un collectionneur si illustre, lui aussi doit porter la croix de la curiosité.

— C'est une chance tout de même de vous avoir rencontré, monsieur, dit le paysan. Tous les gens de la ville ne sont pas si généreux...

— Le chemin est-il encore bien long ?

— Dans une petite demi-heure.

— Mais voilà déjà deux heures que nous marchons.

15.

— Eh ! monsieur, je vous avais bien prévenu qu'il y avait une bonne lieue.

— Une bonne lieue ! s'écrie M. Bretoncel effrayé.

Car, si une lieue de paysan en vaut deux, combien peut représenter une *bonne lieue?*

— Patience, monsieur... Nous voilà bientôt au Quercy... Vous voyez le clocher?

— Ce clocher tout là-bas? s'écrie le banquier.

— Après le Quercy, en forçant le pas, il n'y en a plus que pour un gros quart d'heure.

A ce mot de *gros quart d'heure*, M. Bretoncel manque de laisser tomber tous ses paquets sur la route.

— Heureusement, dit le paysan, nous allons trouver à la porte du Quercy une auberge où on vend du petit blanc, sec comme une pierre à fusil, qui rendrait des jambes à un moribond.

Grâce à un violent effort, l'agent de change arrive à l'auberge, où il jette sur la table poupées, polichinelles, passoire et robe.

— Vous êtes en retard aujourd'hui, Sureau, dit la cabaretière au paysan... La nuit va vous surprendre avant d'arriver.

— Décidément, dit M. Bretoncel éclatant, combien faut-il de temps pour arriver chez vous?

— En traversant le Quercy dans sa longueur, nous serions chez nous pour le souper; mais je dois vous dire...

Sureau se grattait le front.

— Parlez.

— C'est que je suis obligé de faire un détour dans les terres.

— Dans les terres! s'écrie l'agent de change.

— Sans doute, le pavé est préférable; mais au milieu du village il y a la maison d'un *guerdin* de juge de paix, qui me donne des tremblements de colère quand je passe devant... Certainement ce chemin-là raccourcirait la route de dix bonnes minutes...

— Il faut le prendre, dit M. Bretoncel; partons.

Et il endosse ses paquets.

— Mais si le guerdin de juge est devant la porte, je ne réponds pas de moi... Il peut arriver malheur...

— De quoi s'agit-il?

— Pour vous dire la vérité, monsieur, voilà ce que c'est en quatre mots. Je suis en retard d'une petite amende de dix-huit francs... Croiriez-vous que le guerdin m'a déjà couché sur son livre pour six francs cinq sous de frais, quoique j'aie raison. On est un homme ou on ne l'est pas... Je ne peux pas voir le guerdin en peinture... Et voilà pourquoi je fais une demi-lieue de détour tous les soirs pour ne pas le rencontrer.

— Une demi-lieue de plus ! répète avec terreur M. Bretoncel. Allez payer vite, mon brave... Tenez, voilà quarante francs.

Et pendant que le paysan entre chez le juge de paix : — Émail ! émail ! émail ! s'écrie l'agent de change à plusieurs reprises.

Comme un ivrogne qui se gorge de vin à un tonneau pendant l'absence des propriétaires, M. Bretoncel prononce le plus souvent qu'il le peut le mot qui ne doit plus sortir de sa bouche jusqu'à parfaite conclusion du marché.

— J'ai payé ! s'écrie le paysan, qui sort radieux de la justice de paix ; mais je me suis donné le plaisir de dire au guerdin ce que je pense... Voilà le papier acquitté. Il n'était que temps ; les frais de justice, ça court plus vite qu'un lièvre.

Si le paysan montre la facture, il ne rend pas la monnaie des quarante francs ; mais M. Bretoncel se dit que maintenant il tient la femme, le mari, les enfants.

La dernière traite est dure. La nuit vient petit à petit. M. Bretoncel tire la jambe ; une dernière fois il appelle à son aide le mirage de l'émail. Enfin, mourant de faim et de fatigue, l'agent de change arrive à la maison du paysan.

— Eh! femme, où es-tu, crie Sureau? Voilà une robe qu'un monsieur t'apporte.

Une grande femme maigre ose à peine jeter un regard sur l'étoffe déroulée qui lui semble plus brillante que tous les tissus de l'Inde.

— Eh bien, tu ne dis rien... Remercie donc monsieur et donne-lui un banc... Il est un peu fatigué.

— Ce n'est pas la peine... Voyons cet... hem! hem! l'objet en question?

— Ah! c'est juste... Mais je ne le vois pas... Les mioches auront emporté l'écuelle dans le clos. Ma femme, va chercher l'antiquité avec quoi les enfants s'amusent... Monsieur est venu de la ville pour voir...

La femme reste clouée contre le mur.

— C'est que, dit-elle, je l'ai donnée aux bêtes.

— Un émail aux bêtes! s'écrie M. Bretoncel, perdant tout son sang-froid.

— Ne trouvant plus la terrine des cochons, dit la femme, je leur ai taillé des pommes de terre dans l'écuelle.

— Mais ils auront détruit l'émail avec leur grouin! s'écrie M. Bretoncel.

La fermière semble interdite.

— Allume le crasset, femme, qu'on aille voir à l'étable.

La porte de l'étable est ouverte. Les cochons poussent des grognements. Le paysan les roue de coups pour les écarter de leur plâtrée.

— Voilà l'antiquité, dit l'homme après avoir jeté les rouelles de pommes de terre qui l'emplissent.

— Ça! s'écria l'agent de change avec un cri affreux.

L'émail tant convoité est une *plaque d'assurance !*

Vernie, dorée, avec une Renommée dorée, des lettres au-dessous, bombée extérieurement, creuse intérieurement. Tous les caractères d'induction dont M. Bretoncel avait inféré qu'il s'agissait d'un émail sorti des fabriques de Limoges.

C'est en de telles circonstances que les amateurs rentrent au logis l'oreille basse, l'œil morne, honteux, brisés de fatigue.

Et c'est ainsi que revint, regrettant ses cadeaux et ses largesses, M. Bretoncel désillusionné.

XXII

SOIXANTE CONSEILS AUX COLLECTIONNEURS QUI FRÉQUENTENT L'HOTEL DROUOT

CHAPITRE XXII

SOIXANTE CONSEILS AUX COLLECTIONNEURS QUI FRÉQUENTENT L'HOTEL DROUOT

I

Acheter à la baisse, revendre à la hausse.

II

Se dépouiller de toute illusion en entrant à l'Hôtel. Regarder Raphaël, Rembrandt, Velasquez avec les yeux du doute.

III

Étant acheté un objet de cent francs, ne pas s'imaginer qu'il vaut mille francs. Dites-vous : Il ne vaut que cent sous.

IV

Apprendre par cœur (avec une légère variante) le fameux vers de M. Scribe :

« Pérugin est une chimère. »

Le chanter constamment afin que la valeur purement idéale des objets d'art se fixe bien dans l'esprit.

V

Partir de la croyance pour arriver à un aimable scepticisme.

VI

Toute signature de tableau est une fausse signature.

Tout autographe de Molière est un faux autographe.

VII

Un paletot simple, sans fourrures ni décorations, est le vêtement le plus propice pour faire un bon coup.

VIII

En cherchant à faire un bon coup, prendre garde de faire un mauvais coup.

IX

Ne pas ruser pendant les enchères : apporter la plus grande simplicité de cœur.

X

Crier son enchère hardiment.

XI

Seuls, les paysans croient qu'en se grattant le bout du nez ou en secouant avec acharnement un bouton d'habit, cette façon mystérieuse d'enchérir soit profitable.

XII

Toute loyauté confond les esprits retors.

XIII

Ne pas causer pendant la vente avec son voisin. Un voisin est un adversaire.

XIV

Suivre avec assiduité les expositions, feuilleter avec soin les livres, dégainer les armes, retourner les tableaux, manier chaque objet, *flairer* les céramiques.

XV

Peu de céramiques absolument pures. La *restauration* se trahit par une odeur de vernis.

Toute céramique doit être *flairée*.

XVI

Étant certain qu'il manque une estampe à un ouvrage de prix, le laisser monter à cent francs, avec le désir d'en devenir propriétaire pour cent sous. D'une voix ferme, mais polie :

— Ne manque-t-il pas, direz-vous à l'expert, une planche *importante* à la page tant?

L'expert se trouble, répond en balbutiant; les enchères s'éteignent comme par miracle.

L'ouvrage vous est adjugé à cent sous.

XVII

Avant d'acheter des tableaux dont la connaissance peut devenir une source de fortune, il serait bon d'avoir visité les musées publics, les églises, les hôpitaux, les hôtels de ville, les collections particulières de toute l'Europe.

XVIII

Paris, Londres, Saint-Pétersbourg, Munich, Anvers, Amsterdam, Vienne, la Haye, Madrid, Bruxelles, Venise, Bruges, Rome, Bordeaux, Florence, Rotterdam, enfin toute la France, toute l'Italie, toute l'Allemagne, toute la Hollande, toute l'Espagne, toute l'Angleterre peuvent être laissées de côté par l'amateur de l'hôtel Drouot; mais celui qui parle de peinture sans avoir fait ces voyages, court risque de dire des légèretés.

XIX

L'argent dépensé à ces voyages est de l'argent placé à un taux qui ferait pâlir un usurier.

XX

Avec quelque monnaie il faut « beaucoup d'œil. »

XXI

Tuer l'enthousiasme. Acquérir l'œil d'acier.

XXII

Ne pas dénigrer une collection de mauvaises peintures.

XXIII

Tout fumier donne sa fleur. Peu de collections médiocres qui ne renferment une perle.

XXIV

Ne pas s'affoler de la perle. L'estimer au même prix que les crasses qui l'entourent.

XXV

Tout objet d'art doit être acheté au quart de sa valeur vénale.

XXVI

Payer un objet d'art sa valeur n'amène au cœur aucun contentement.

XXVII

Fréquenter les amateurs, les marchands de bric-à-brac, les commissaires-priseurs, les experts, dire bonjour au crieur, frapper à propos sur l'épaule des garçons.

XXVIII

Pas de fierté, pas de familiarité.

XXIX

Tout amateur doit poser ses jalons à l'exposition. — J'achèterai tel objet, j'y mettrai tant.

XXX

Se laisser entraîner par le courant des enchères, c'est vouloir faire sa fortune à la roulette.

XXXI

Fortifier ses nerfs par des ablutions d'eau froide tous les matins.

XXXII

Se coucher tard, se lever tôt.

XXXIII

Ne pas irriter l'estomac par des repas épicés.

XXXIV

Les courants fiévreux sont contagieux à l'hôtel Drouot. Il est bon d'arriver frais et dispos, le corps en parfait équilibre. Immense avantage sur les collectionneurs malingres, faibles de corps et d'esprit, dont les nerfs sont attachés au bâton d'ivoire du chef d'orchestre de la vente, comme les crins à l'archet du violon.

XXXV

Une tablette de chocolat, une conserve sucrée rétablissent l'estomac vers cinq heures du soir, au moment où l'enchère devient flamboyante.

XXXVI

Un flacon d'odeurs est indispensable pour combattre les exhalaisons de la foule entassée.

XXXVII

Un lutteur appelé à combattre contre un redoutable adversaire, Marseille contre Arpin, pratique la chasteté huit jours au moins avant la lutte. Un acheteur est un lutteur. Donc, modérer ses passions.

XXXVIII

S'abstenir du *biblot*. Laisser ces futilités aux femmes

XXXIV

Un collectionneur marié n'est pas un collectionneur.

XL

Tout collectionneur qui prend femme abdique. Il sera châtié dans sa collection, ou il la vendra.

XLI

Un chat qui saute sur une console couverte de verreries de Venise est moins dangereux qu'une femme au lendemain de ses noces dans une galerie de tableaux.

XLII

La femme *ou* la collection. La femme *et* la collection, deux rivales, feraient de l'intérieur conjugal un enfer.

XLIII

Le collectionneur qui *donne commission* et n'achète pas lui-même, ressemble à cet Anglais qui, ayant noté sur son calepin la vue de Paris du haut du Panthéon, y fit monter son domestique.

XLIV

L'enchère est un duel; et la mode n'est pas encore venue dans une affaire d'honneur d'envoyer un maître d'armes à sa place.

XLV

Acheter et ne pas s'enfoncer dans la possession, est d'un homme qui se prépare de secrètes jouissances.

XLVI

Collectionner certains objets, les regarder sans cesse, ne pouvoir s'en séparer, amène une calvitie prématurée.

XLVII

Le véritable amateur garde un tableau huit jours, un mois, un an, le vend, en achète un autre et passe, comme on dit, de la brune à la blonde.

XLVIII

Toute collection qui n'offre pas une sorte de panorama varié et sans cesse renouvelé, fatigue comme une femme trop fidèle.

XLIX

M. Ingres, qui adorait Raphaël, le trompait et lui faisait quelques infidélités sans conséquence avec Velasquez. Il en revenait plus épris pour Raphaël.

L

Prendre des leçons de gymnastique, faire des armes.

Fendre du bois le matin, ne brûlât-on que du coke.

Bêcher son jardin, le jardin fût-il sur une fenêtre.

Soulever des poids, dût-on prendre les poids du coucou.

LI

Les forces sont nécessaires au collectionneur, beaucoup de jambes surtout.

Après les yeux, les jambes sont l'outil le plus précieux du collectionneur. Il faut pouvoir marcher sans se fatiguer, du faubourg Saint-Antoine au faubourg Saint-Marceau, et visiter chaque matin *tous* les marchands de curiosités.

LII

Une voiture gâterait tout.

LIII

Il se pourrait qu'un habit noir, une cravate blanche, un pantalon irréprochable, des bottes vernies et des manchettes imposassent aux panailleux. En y joignant quelques décorations, un grand cordon quelconque, la plaque du Nicham, peut-être les marchands se laisseraient-ils prendre à cet apparat? Je ne le conseille à personne.

LIV

Prendre garde aux magasins trop propres. Tout y est cher. Se défier des taudis en désordre. Plus cher encore. L'acheteur a affaire à deux marchands systématiques.

LV

Mieux vaut se lier avec les commissaires-priseurs. Parler chevaux avec M° Escribe, curiosités avec M° Pillet, estampes avec M° Delbergue-Cormont, tableaux modernes avec M° Boussaton. Petit à petit s'insinuer jusqu'à prendre place au coin de leur foyer, faire leur partie de whist et surprendre les secrets de l'hôtel Drouot.

LVI

Ne pas négliger les clercs des commissaires-priseurs. Faire de temps à autre un petit cadeau à leurs concubines.

LVII

Toute pensée étrangère doit être sacrifiée à la collection. Ne pas s'occuper de politique, n'aller jamais au théâtre, se garder d'ouvrir un livre, dédaigner les joies de la famille, avoir toujours de l'argent liquide en poche, arriver chaque jour à l'Hôtel à une heure, en sortir à six, retourner le soir aux ventes, voilà une vie bien remplie.

Vous êtes un parfait collectionneur.

LVIII

Au bout de dix ans, vous porterez des chapeaux plats à grandes ailes; tout Paris vous reconnaîtra collectionneur.

LIX

Au bout de quinze ans, vous aurez mangé les deux tiers de votre fortune.

LX

Et un jour, sans feu ni draps, finissant votre vie dans un galetas, reconnaissant trop tard le néant de la brocante, vous maudirez tableaux, majoliques, émaux, bronzes.

Et la mort qui entrera dans la mansarde vous apparaîtra sous les traits d'un horrible crapaud chinois, au corps vert, aux écailles sanglantes, aux gros yeux blancs.

Et, de sa gueule entr'ouverte, le crapaud vous crachera à la figure toutes sortes d'ironies.

XXIII

LE COLLECTIONNEUR MARIÉ

CHAPITRE XXIII

LE COLLECTIONNEUR MARIÉ

On comprend le rôle que joue la femme dans le ménage d'un collectionneur. Elle devient un bouclier qui empêche les tableaux de franchir la porte. C'est un drame mélangé de comique qui se joue sans cesse dans la maison.

La femme a l'œil ouvert sur tout ce qui entre. Tableaux, faïences, statues, armes, sont consignés sévèrement à la porte ; le mari a juré ses grands dieux qu'il n'entrerait plus aucun objet nouveau dans son cabinet. Le soir même de son serment, il achète des miniatures et autres curiosités mignonnes qui le mèneront un peu plus vite à la ruine que les gros objets.

Collectionner est une manie qui se change en passion : la passion devient rage, la rage obsession. Le collectionneur ne cesse pas plus d'acheter que le fumeur ne renonce à son tabac.

Le collectionneur qui craint sa femme se rencontre fréquemment.

Tout d'abord les marchands de bric-à-brac trouvent la porte fermée; chaque homme qui entre dans la maison, la femme le toise et l'inspecte. C'est peut-être un Juif déguisé. Un garçon de l'hôtel Drouot, qui s'aviserait maintenant de sonner à la porte, courrait risque de recevoir un seau d'eau sur la tête.

Jadis les amateurs venaient rendre visite à leur confrère pour s'entretenir de leurs récentes acquisitions. La femme les a reçus de telle sorte qu'ils en parlent comme d'une mégère. A peine entrés dans le cabinet du mari : « Surtout, ne soufflez pas mot de tableaux ici..., » s'écrie piteusement le collectionneur.

C'en est fait, l'homme est sous le joug, le mariage a bridé sa passion; l'ordre fait place au désordre. Serait-ce un collectionneur si les choses se passaient ainsi? Les toiles entrent dans la maison comme par le passé.

Comment le collectionneur arrive-t-il à passer ses tableaux devant la plus minutieuse des douanes, la douane féminine? Dans son paletot. Les cadres sont laissés aux marchands, les toiles seront désormais veuves de cadres. Ce n'en sont pas moins des tableaux.

Un jour, la contrebande est découverte; les paletots larges sont interdits au mari; mais des toiles achetées à l'Hôtel il se fera un plastron sur la poitrine, et entassera ses acquisitions de chaque jour sous son lit, payant sa servante pour ne pas être trahi.

Le collectionneur ne jouit plus de la vue de ses acquisitions. Qu'importe! Il sait qu'il a sous son lit des amas de peintures précieuses, et il attend patiemment le jour où la Providence le débarrassera de l'argus impitoyable dont la surveillance lui pèse.

Un peintre qui jouit de quelque réputation, M. Flers, était *tombé dans la faïence* : c'est le mot pour rendre une funeste manie, comme on dit : tomber dans un trou. Tant que le peintre garnit les murs de son atelier de faïences, la femme ne dit rien.

La céramique ressemble à une tache d'huile qui chaque jour gagne du terrain : les faïences entrèrent dans la salle à manger, dans le salon, dans la chambre à coucher. Mme Flers dressa les oreilles, et déclara net à son mari qu'il fallait mettre une digue à ce débordement. Le peintre, timide, baissa la tête sans être corrigé, mais il avisa un cellier inoccupé, où ses nouveaux achats reposeraient en paix. Les faïences ne se gâtent pas dans les caves.

Tous les matins, levé de bonne heure, M. Flers sortait sous couleur d'hygiène; la vérité est qu'il réveillait les marchands, faisait ouvrir leurs boutiques au petit jour, et ne revenait jamais à la maison sans quelque rareté. Petit à petit le cellier fut rempli. Jamais amant ne fut plus heureux que M. Flers, une lumière à la main, jetant un coup d'œil sur les céramiques, qui étincelaient à la lueur de la chandelle.

Cependant Mme Flers, trouvant son mari trop calme, le guettait de sa fenêtre. Un matin, elle l'aperçut chargé de faïences, rentrant tranquillement par la porte cochère, et reparaissant un quart d'heure après, les mains vides, dans la salle à manger pour prendre son café d'un air guilleret. En femme prudente, Mme Flers ne laissa rien paraître, espionna son mari, découvrit la cachette et traça aussitôt un plan de vengeance.

Elle s'entendit avec un brocanteur, et le lendemain, pendant que le mari était en chasse, le marchand emportait toute la collection de la cave dans une charrette à bras.

Chose singulière, au déjeuner qui suivit, le peintre n'avait pas l'air soucieux auquel s'attendait sa femme. Elle craignait une scène d'Harpagon détroussé de sa cassette; le peintre avait une mine rayonnante.

Sans rien dire, Mme Flers retourne à la cave.

Elle était remplie de faïences!

La femme du peintre ne connut que trop vite le mot de l'histoire. Par extraordinaire, ce jour-là, M. Flers rentrait sans acquisitions; mais, rencontrant dans son quartier une charrette à bras chargée de faïences, le peintre émerveillé avait traité du tout avec le marchand, et il avait payé cinq cents francs sa propre collection, qu'une épouse ignorante venait de vendre cinquante francs!

Un autre collectionneur qui fut fameux avait dompté sa femme en lui faisant croire qu'un Fragonard coûtait seulement trois francs. Il se passait peu de jours sans qu'il rapportât une merveille.

— En voilà encore pour un petit écu! disait-il, comme s'il regrettait réellement la dépense.

Il arriva cependant que la femme découvrit que le *petit écu* de la veille avait nécessité une saignée de douze mille francs chez le notaire. La malheureuse en mourut. A partir de son décès, chaque jour amena un incident dans la maison. Les tableaux furent d'abord accrochés aux murs du salon, puis ils se répandirent dans tout l'appartement, dans les corridors, les antichambres et les escaliers. Il y avait autant de toiles empilées que de bûches dans un chantier. L'enragé en fourra jusque dans la cuisine!

Depuis quelque temps le collectionneur ne sortait plus; diverses attaques de paralysie lui avaient fait pressentir sa fin.

On connaît les sujets domestiques de Greuze, où le vieillard appelle autour de son lit de mort ses enfants, leur fait ses dernières recommandations et les bénit d'une main amaigrie.

Quoiqu'il eût une vive passion pour Greuze, le collectionneur ne l'imita pas dans ses vertueuses compositions. Il s'enferma dans son cabinet, ne reçut que la servante qui lui apportait sa nourriture, et retranché derrière une muraille de tableaux, pendant huit jours il donna un dernier coup d'œil aux toiles entassées autour de son fauteuil.

Le collectionneur perdit la vue; il demanda ses statuettes de Clodion pour les palper.

Un matin, on le trouva mort au milieu de ses richesses. Ni ses enfants ni ses parents ne recueillirent les dernières paroles qui prennent de la grandeur à ce moment suprême.

Vers le milieu de leur carrière, d'autres collectionneurs sont atteints d'un léger vice sur lequel il faut glisser prudemment. Toute leur imagination étant portée vers la curiosité, le collectionneur se souvient à peine qu'il existe des femmes; s'il s'en souvient, il est trop tard. Aussi chaque cabinet a-t-il son armoire protégée par des rideaux verts qui cachent une sorte de musée secret.

Les petits maîtres du XVIIIe siècle, les peintres de gouaches et de dessus de tabatière en font les frais. Là seulement, dans ce réduit, le collectionneur pense à ses vingt ans; de pâles frissons parcourent son corps, et il pense au mot aimer comme le petit Auvergnat couché avec un morceau de pain, près du soupirail des cuisines du Palais-Royal, pense au rôti.

L'amour oublié se venge ainsi du collectionneur qui a dépensé tant d'années de sa vie à entasser mille inutilités.

Ces collections qui sentent le Directoire et ne répondent plus aux instincts modernes, tendent à disparaître. La preuve en est dans le fameux musée secret du marquis d'A..., qui resta près de dix ans sans trouver d'acquéreur. Amas confus de cyniques grossièretés qui laissent le dégoût au cœur.

Cette dépravation des sens chez certains amateurs n'échappe pas à leurs femmes, d'où la révolte des femmes contre toute antiquaille.

Les siècles précédents n'eussent pas accolé le nom de Baucis à celui de son époux, si Philémon avait eu la passion des vases étrusques; toutefois on doit signaler, à titre d'exception, deux époux respectables qui vécurent en bonne intelligence, malgré l'importante collection recueillie par le mari. Sur des meubles curieux de M. L... C..., j'ai lu cette rare et touchante inscription : *Donné par ma femme*.

Un collectionneur marié sacrifie femme et enfants à sa manie. On a peu d'exemples qu'une fille de collectionneur s'établisse. La dot a filé en acquisitions d'art, et les filles qui n'apportent pour dot qu'un père collectionneur sont traitées en « tapisseries. »

Une mère élève son fils, l'habille de son mieux, le *fait beau*.

Le collectionneur ne reconnaît pour ses enfants que les vieilles toiles qu'il fait nettoyer, débarrasser de leur crasse, envoyer chez le rentoileur, de là chez le restaurateur, de là chez l'encadreur. Voilà les diverses écoles de ses enfants.

La mère gémit et enfouit ses douleurs dans une chambre dont elle sort à peine. Elle se prive de tout; chaque toile qui entre est une économie forcée sur la nourriture, sur les habits. La malheureuse est liée pour la vie à un homme qui n'a plus de sentiments humains, car la collection dévore toute affection. -

Peu m'importe que ce vieux célibataire, qui se taille lui-même la barbe avec des ciseaux pour économiser des frais de perruquier, demeure dans un faubourg, où il a trouvé pour rien un grand galetas où sont amoncelées ses toiles. Qu'il couche sur un lit de sangle, cela le regarde. Qu'il soit sale, avec une mauvaise ficelle blanche crasseuse au cou, je ne m'en mêle pas. Qu'il souffle dans ses doigts en se promenant dans de grandes pièces sans feu, lui seul pâtit, il est célibataire. Qu'il ramasse des feuilles de choux au coin des bornes pour économiser la somme suffisante à l'acquisition d'un portrait de Mme de Pompadour, son estomac s'y prête, car la manie est aussi nourrissante qu'un bifteck.

Mais imposer à sa famille des privations pour quelques méchantes toiles, condamner une malheureuse fille à un célibat forcé, remplacer un futur qui se présente par une reliure, faire que le chagrin s'empare d'une femme et développe une maladie incurable que le collectionneur oubliera pour un *incunable*, voilà qui fait saigner le cœur! L'homme peut me montrer toutes les curiosités de l'Orient et de l'Occident; sans cesse mes yeux se reporteront sur la douce victime qui assiste sans se plaindre aux exhibitions de son père, en a sondé la vanité, et cependant sera pleine de dévouement quand, après avoir ruiné ceux qui l'entourent, le collectionneur réclamera les soins de sa famille.

XXIV

LE COLLECTIONNEUR DE CIELS

CHAPITRE XXIV

LE COLLECTIONNEUR DE CIELS

Sur le versant d'un coteau, aux environs de Paris, est située sa petite maison blanche.

De grand matin, au printemps, on voit les persiennes vertes s'ouvrir pour donner passage à une figure épanouie.

Accoudé sur la barre de la fenêtre, les regards de l'homme plongent sur les riches vallées qui se déroulent au bas du coteau. Spectacle uniforme en apparence, toujours nouveau pour ceux qui savent voir.

Tantôt les grands peupliers qui bordent les rives sinueuses de la Seine se tiennent droits et immobiles, tantôt l'air se joue dans leurs feuilles brillantes, et la brise monte des prairies vertes aux cimes des plus hauts arbres.

Mais ce ne sont ni les champs, ni les prés, ni les animaux, que regarde le brave homme. Il s'intéresse surtout aux levers du soleil, aux splendeurs de l'horizon. Son cerveau contient une galerie de ciels. Il les aime tous avec une égale passion, les ciels radieux et les pluvieux, les ciels gris et les ciels clairs. Transparences, zébrures, finesses orangées, balayures d'orages, moutonnements pressés les uns contre les autres comme des brebis qui se garent du soleil, pas une heure qui ne change l'aspect du ciel, pas un jour qui n'amène de nouveaux tableaux dans le musée.

Aussitôt levé, le bonhomme grimpe au haut du coteau. Son cœur s'épanouit aux premiers rayons, sa figure se transfigure. Rien d'idéal dans ses joues colorées; pourtant ses petits yeux gris prennent une sérénité qui n'est pas sans grandeur quand la voûte du ciel donne passage à de spontanés rayonnements auxquels répond l'âme du philosophe.

Le bonhomme ne voyage jamais; son esprit est sans cesse à la suite des nuages qui lentement accomplissent leur trajet mystérieux.

Je fis la connaissance du brave homme; souvent le soir nous côtoyions en causant les bords de l'eau. Il avait été riche; une ruine imprévue le priva de son hôtel, de ses chevaux, de sa galerie de tableaux, de sa loge à l'Opéra. Il se retira à la campagne, sans rancune contre le sort. Un jardin potager sert à sa nourriture ; il le cultive lui-même. N'ayant plus de fortune pour satisfaire ses goûts, il s'est épris de la nature ; de même qu'il avait collectionné des objets d'art, il collectionne des ciels et il m'apprit à en connaître les beautés, appelant dans nos promenades mon attention sur le jeu des nuages dans l'eau avec les ombres transparentes qu'y apporte le réfléchissement des arbres.

— Dans une grande ville, vous ne pouvez vous intéresser, disait le bonhomme, au ciel, aux étoiles, aux nuages qui passent. Le ciel, vous le placez dans vos plaisirs ; les actrices sont vos étoiles, et les passants qui se pressent empêchent de regarder les nuages. Fêtes, dîners, spectacles, soupers, autant de rivaux qui s'entendent pour tromper la nature. On l'oublie, on sait à peine si elle existe. Je ne reconnais plus qu'elle pour maîtresse ; elle est ma dernière affection et je ne crains point son ingratitude. J'ai pris ma part des plaisirs du monde, dont par avance je me faisais fête et qui ne laissent que désillusions. Dans la société, l'homme se torture le cœur et le cerveau pour arriver à s'élever entre quelques-uns, à être sifflé par beaucoup d'autres. Que ceux à qui plaît cette vie la continuent; pour moi, toujours content, je vois sans mélancolie s'allonger les ombres du soir, trop heureux quand au réveil je contemple ces cieux mystérieux dont jamais je ne saurai me lasser.

FIN.

TABLE DES CHAPITRES

A Arsène Houssaye.
Préface.. 1
   I. — L'Amateur.. 3
  II. — Dictionnaire à l'usage des connaisseurs qui ne
        s'y connaissent pas............................. 17
 III. — La faïence des Médicis, fragment des mémoires
        du secrétaire d'un homme illustre........... 43
 IV. — Les rêveurs et les râleurs...................... 63
  V. — Où la haine de Voltaire conduisit un collection-
        neur.. 77
 VI. — Le commissaire-priseur........................ 93
VII. — Le crapaud de la Compagnie des Indes........ 103
VIII. — Le commissaire-priseur pincé................. 113
 IX. — L'expert... 127
  X. — Le crieur.. 137
 XI. — Le garçon....................................... 145
XII. — Le marchand.................................... 153
XIII. — Le truqueur.................................... 165
XIV. — Le faux obélisque.............................. 177
XV. — Le restaurateur de tableaux 185
XVI. — La seringue et le perroquet 195
XVII. — Le mobilier bleu............................... 209
XVIII. — La salle des Colonies........................ 215

TABLE DES CHAPITRES

XIX. — La vente des œuvres d'un homme de génie.....	221
XX. — Le collectionneur de chaussures...............	231
XXI. — Les trouvailles de M. Bretoncel...............	239
XXII. — Soixante conseils aux collectionneurs qui fréquentent l'hôtel Drouot...................	257
XXIII. — Le collectionneur marié.....................	273
XXIV. — Le collectionneur de ciels...................	285

FIN DE LA TABLE.

Imprimerie L. TOINON, à Saint-Germain.

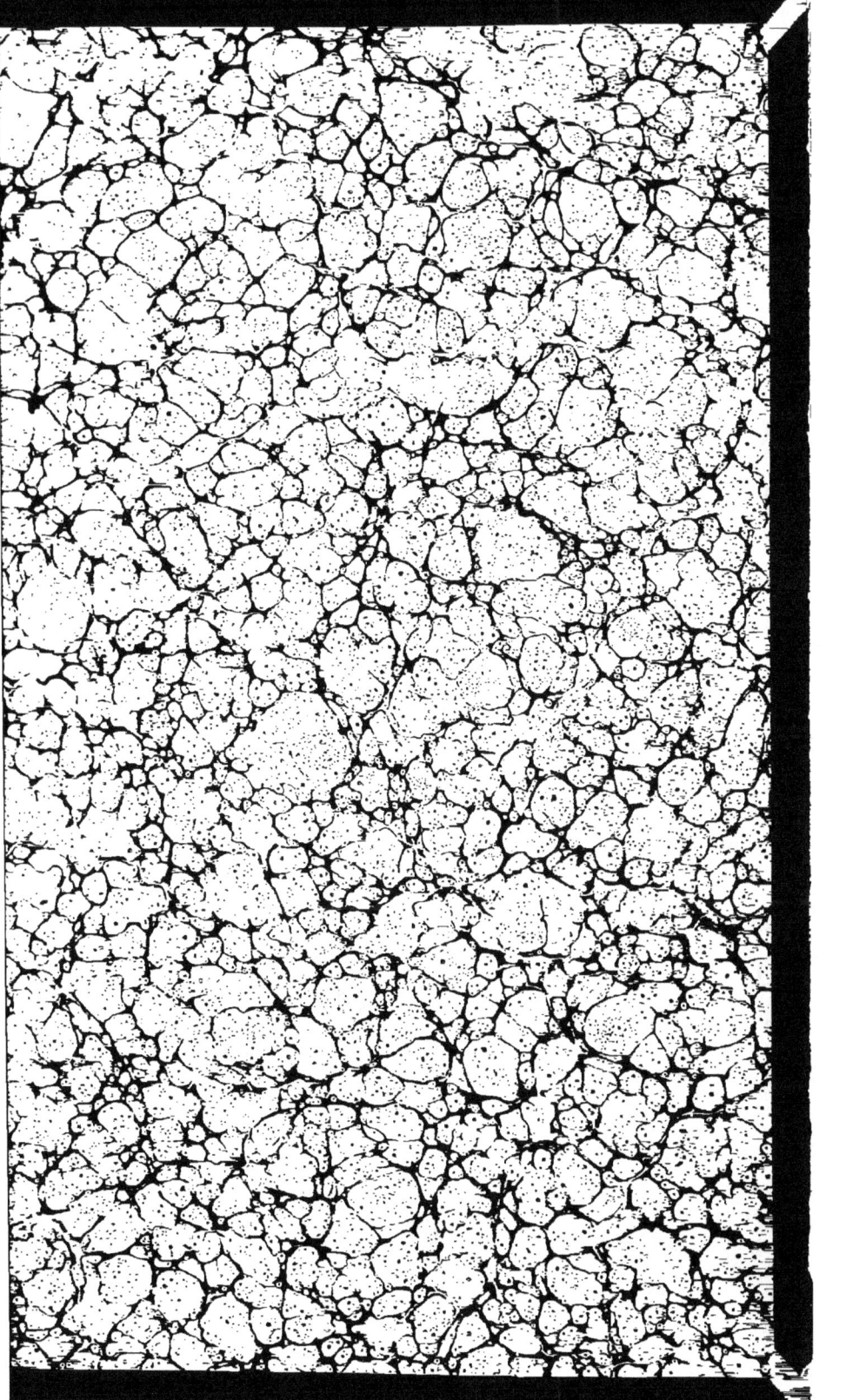

www.ingramcontent.com/pod-product-compliance
Lightning Source LLC
Chambersburg PA
CBHW060415170426
43199CB00013B/2155